■海民迦太基的船塢遺跡(突尼西亞首都突尼斯近郊)。

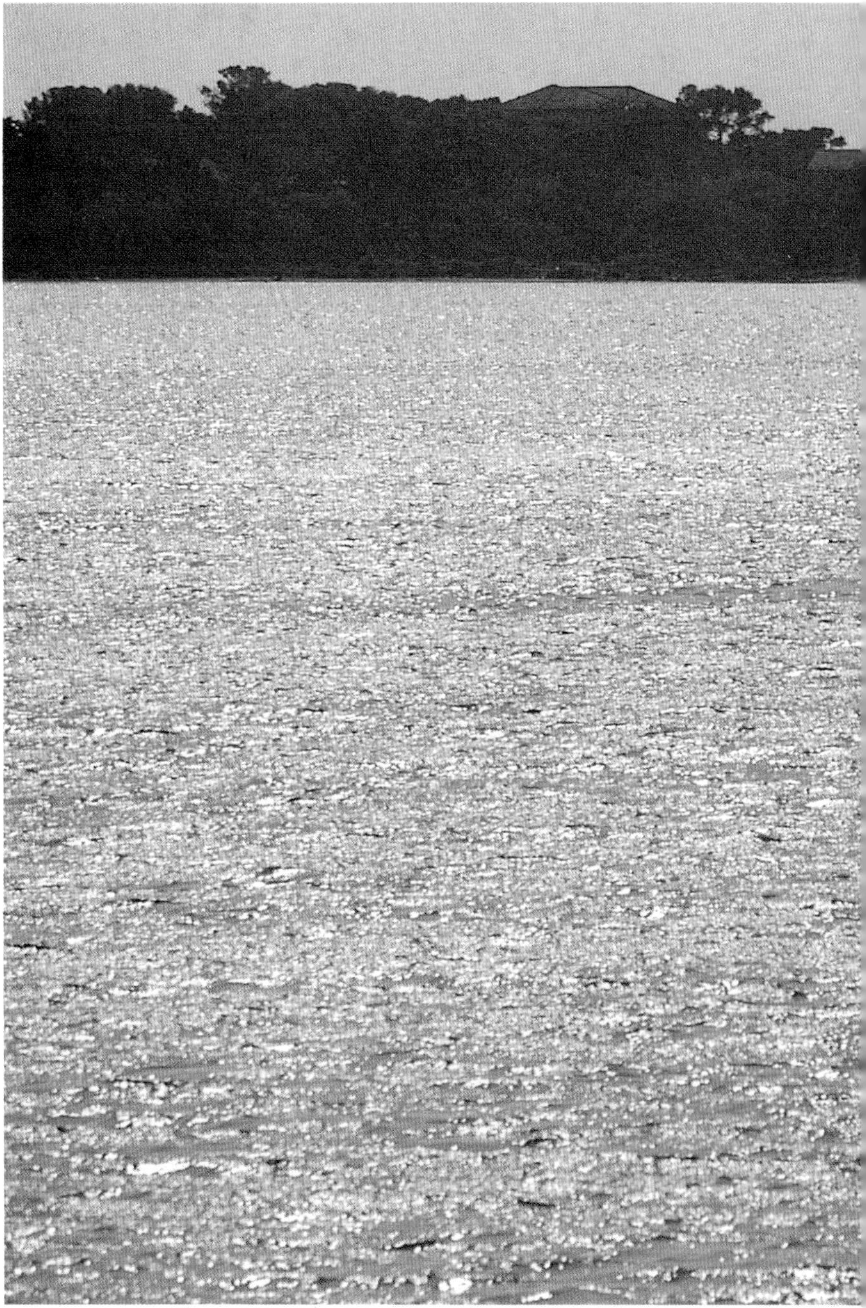

■迦太基的通商基地墨地亞的〝海中道路〞(西西里島西端)。

■迦太基・比魯薩之丘附近陳列土產的商店(突尼斯)。

■仿効漢尼拔把大象帶到阿爾卑斯山的雪地(攝於阿爾卑斯山中的聖・提雷村)。

■嘉年華會熱鬧非凡的西班牙港都加地斯，這裡以前是迦太基的重要殖民市。

■第二次布匿克戰爭時，漢尼拔大勝羅馬的坎尼古戰場(義大利南部)。

■羅馬軍剷開迦太基的灰燼，在上面撒上塩巴（在突尼斯的迦太基博物館展示的圖片）。

■迦太基的墓碑(突尼斯)。

親切的、活潑的、趣味的、致用的

實用歷史叢書

遠流出版公司

實用歷史叢書㉝

一個通商國家的興亡 ·迦太基遺書·

原 書 名／ある通商國家の興亡
作　　者／森本哲郎
譯　　者／劉　敏
主　　編／游奇惠
責任編輯／陳錦輝
發 行 人／王榮文
出 版 者／遠流出版事業股份有限公司
臺北市汀州路三段 184 號七樓之 5
郵撥／0189456-1　電話／(02) 365-3707
電傳／365-1212
發行代理／信報股份有限公司
電話／(02) 365-4747　傳眞／365-7979

電腦排版／文盛電腦排版有限公司
印　　刷／優文印刷股份有限公司
香港總代理／有成書業有限公司
香港柴灣康民街2號康民工業中心10字樓8室
電話／558-0288　傳眞／558-2101

□1992(民81)年 5 月 1 日　初版一刷
□1992(民81)年 9 月16日　初版四刷

行政院新聞局局版臺業字第 1295 號

售價 200 元 (缺頁或破損的書，請寄回更換)

ISBN 957-32-1589-6

■實用歷史叢書□

33

一個通商國家的興亡

迦太基遺書

森本哲郎／著

劉敏／譯

出版緣起

王榮文

・歷史就是大個案

《實用歷史叢書》的基本概念，就是想把人類歷史當做一個（或無數個）大個案來看待。本來，「個案研究方法」的精神，正是因爲相信「智慧不可歸納條陳」，所以要學習者親自接近事實，自行尋找「經驗的教訓」。

經驗到底是教訓還是限制？歷史究竟是啓蒙還是成見？——或者說，歷史經驗有什麼用？可不可用？——一直也就是聚訟紛紜的大疑問，但在我們的「個案」概念下，叢書名稱中的「歷史」，與蘭克（Ranke）名言「歷史學家除了描寫事實『一如其發生之情況』外，再無其他目標」中所指的史學研究活動，大抵是不相涉的。在這裡，我們更接近於把歷史當做人間社會情境體悟的材料，或者說，我們把歷史（或某一組歷史陳述）當做「媒介」。

·從過去了解現在

爲什麼要這樣做？因爲我們對一切歷史情境（milieu）感到好奇，我們想浸淫在某個時代的思考環境來體會另一個人的限制與突破，因而對現時世界有一種新的想像。

通過了解歷史人物的處境與方案，我們找到了另一種智力上的樂趣，也許化做通俗的例子我們可以問：「如果拿破崙擔任遠東百貨公司總經理，他會怎麼做？」或「如果諸葛亮主持自立報系，他會和兩大報紙持哪一種和與戰的關係？」

從過去了解現在，我們並不眞正尋找「重複的歷史」，我們也不尋找絕對的或相對的情境近似性。「歷史個案」的概念，比較接近情境的演練，因爲一個成熟的思考者預先暴露在衆多的「經驗」裡，自行發展出一組對應的策略，因而就有了「教育」的功能。

·從現在了解過去

就像費夫爾（L. Febvre）說的，歷史其實是根據活人的需要向死人索求答案，在歷史理解中，現在與過去一向是糾纏不清的。

在這一個圍城之日，史家陳寅恪在倉皇逃死之際，取一巾箱坊本《建炎以來繫年要錄》，抱持誦讀，讀到汴京圍困屈降諸卷，淪城之日，謠言與烽火同時流竄；陳氏取當日身歷目睹之事與史實印證，不覺汗流浹背，覺得生平讀史從無如此親切有味之快感。

觀察並分析我們「現在的景觀」，正是提供我們一種了解過去的視野。歷史做爲一種智性活動，也在這裡得到新的可能和活力。

如果我們在新的現時經驗中，取得新的了解過去的基礎，像一位作家寫《商用廿五史》，用企業組織的經驗，重新理解每一個朝代「經營組織」（即朝廷）的任務、使命、環境與對策，竟然就呈現一個新的景觀，證明這條路另有強大的生命力。

我們刻意選擇了《實用歷史叢書》的路，正是因爲我們感覺到它的潛力。我們知道，標新並不見得有力量，然而立異卻不見得沒收穫；刻意塑造一個「求異」之路，就是想移動認知的軸心，給我們自己一些異端的空間，因而使歷史閱讀活動增添了親切的、活潑的、趣味的、致用的「新歷史之旅」。

你是一個歷史的嗜讀者或思索者嗎？你是一位專業的或業餘的歷史家嗎？你願意給自己一個偏離正軌的樂趣嗎？請走入這個叢書開放的大門。

編輯室報告

第一次看到這本《一個通商國家的興亡》時，對歷史興趣缺缺的我，引不起仔細閱讀的慾望。可是，當我看過作者森本哲郎先生的後序以及目錄之後，卻有先睹為快的衝動。

二千多年以前，在地中海沿岸從事商業活動的民族中，以腓尼基人的成績，最為顯著，後來他們在瀕臨地中海的北非（今日的突尼西亞），建立了迦太基國，並且成為當時首屈一指的經濟強國。

由於樹大招風，使當時的軍事大國羅馬，恐慌不已。兩國之間爆發了三次戰爭，也就是歷史上有名的「布匿克（Punic）戰爭」。

在第三次戰爭時，迦太基被羅馬帝國徹底的毀滅，從地球上消失得無影無蹤。當時戰火延燒了十七天，灰燼積達一公尺以上。目前這些灰燼還埋藏在突尼西亞海邊的羅馬遺跡底下。一般人去憑弔這個遺跡，可能只會對羅馬帝國的廣大版圖，留下深刻的印象。然而，當作者得知這個遺跡下面，還埋著迦太基的「遺體」時，便想要親自探究這兩國之間，到底發生了什麼樣的摩擦，才會致使羅馬帝國非把迦太基徹底消滅不可。

森本先生三度造訪突尼西亞，並且為了追踪當時布匿克戰爭中，迦太基的勇將漢尼拔進軍羅馬帝國的路線，他請求各方協助，趕了大象，親自體驗當時迦太基軍隊帶著大象行軍的艱苦長征過程。他們從現在的突尼斯，經西班牙，再越過阿爾卑斯山脈，到達義大利。此次隨行的，並有日本TBS電視台的攝影隊，實地拍攝。

作者除了親身體驗之外，對於迦太基人的個性，經商手法，以及她與地中海地區，各民族間的利害關係，都有詳盡的描述，生動有趣，閱讀時，就像在看一部電影一樣，當時的景象，一一地呈現在腦海裡。使我對這段歷史，有了另一番嶄新的體驗和認識。

從這段歷史當中，可以得知，二千多年前的經濟大國迦太基，除了追求財富之外，沒有像希臘那樣，把金錢用在創造文化上面。希臘文化在二千年後的今天，仍然屹立不搖，而迦太基卻只維持了七百多年，可說是名副其實的經濟動物。他們只管自己國家的利益，不理會他國的反應，才會如此收場。

作者體認到當時迦太基的處境，竟然與今日經濟大國日本，有著許多相似的地方。迦太基人刁鑽、狡猾，會做主意，追求利益，不就跟日本人的經商手法一樣嗎？而迦太基與羅馬帝國之間，不正像今天日本與美國之間，產生了很多經濟摩擦嗎？再看我們中華民國台灣的經濟發展情況，中美貿易逆差，日益嚴重。中日兩國在發展經濟之餘，是否也有必要記取迦太基的教訓呢？

希望讀者閱讀此書，除了對這段歷史，有更深切的體認之外，更可以鑑往知來，在今日經濟發展上，得到更多的啟示。

（執筆：劉敏）

目錄

□《實用歷史叢書》出版緣起
□編輯室報告
第一章　財富的考驗／三
永不沉沒的貿易船／遲來了兩千年的和平條約／歷史公理：盛極必衰／世界造船之王的海民／提洛：東方的曼哈頓／財富的毒刺／詐欺：做生意的智慧／出色、熱情的經濟動物／幻滅的迦太基的黃金
第二章　海的子民／二一
海是歷史的舞台／人類是「海神」還是「山神」？／希伯來人的海洋恐懼症／迦太基王漢諾的航海日記／不折不扣的海民／無出其右的貿易專家

／高深莫測的神祕民族／怪魚與怪獸的對決

第三章　商人／三九

負責交換欲望的媒人／都市與商業形影相隨／不殺價是失禮的行為／買賣就是討價還價／貿易都市國家的誕生／跋山涉水只為生意／商人「比天上的星星還多」／財富就像花蜜／成也財富，敗也財富

第四章　第一個競爭者／五五

只知賺錢、沒有娛樂的工蜂／灰頭土臉的驢子／小心希臘人握手時偷你的手指／以賺錢為目的的價值觀／政治不能影響做生意／希臘：人為萬物的尺度／萬物之靈VS經濟動物／從「希臘」到「迦太基」

第五章　戰爭的舞台／七一

西西里島：悲劇揭幕的舞台／亦敵亦友的殖民地

都市／行走在海上的馬車／爭奪西西里島的百年戰爭／只要財富到手，管他如何統治／飽受鐵蹄踐踏的寶島／怪魚和怪獸的協定／驚心動魄的歷史之夢

第六章　宿命之戰／八七

都是外籍兵團惹的禍／羅馬與迦太基的宿命之戰／同時扮演怪魚與怪獸／在海上打陸戰的戰術／大逆轉的第二次海戰／西西里島戰火重燃／羅馬一擲賭乾坤／歷史從戰爭結束才開始

第七章　漢尼拔〔翻越阿爾卑斯山前〕／一〇五

充滿個人魅力的將領／如何驅趕大象渡河過海？／古代戰爭的重型戰車／伊北利半島：迦太基的新地盤／曖昧的「不可侵犯條約」／戰爭，還是和平？／從厄波羅河到庇里牛斯山／走一趟「漢尼拔之旅」／然後，越過阿爾卑斯山

第八章　漢尼拔〔翻越阿爾卑斯山後〕／一二三

超級戰術・戰略家／四戰四勝的漢尼拔／始終如一的作戰綱領／迦太基的火牛陣／「老虎鉗」夾羅馬大軍／戰士是祖國的名譽／戰爭的目的是什麼？／站在命運的十字路口

第九章　勝負逆轉／一三九

匪夷所思的斷崖城市：君士坦丁／決定歷史命運的古都／努米底亞爭奪戰／二對二的競賽／婚禮接著死亡的薄命佳人／漢尼拔少小離家老大回／兩大英雄會面的歷史鏡頭／簽下苛刻殘酷的和約／接受條約是唯一的生路

第十章　浴火重生／一五七

「然後，現在才是開始……」／漢尼拔露出笑容／奇蹟似的復活／羅馬奢華腐化的開始／戰勝國併發症／戰魔纏身的羅馬／「戰敗一身輕」的迦

太基／左右世界大綱的漢尼拔

第十一章　頑固男子加圖／一七五

兩顆巨星同年殞落／掐死迦太基的頑固男子／史基比奧一生的政敵／拯救羅馬的監察官／竭力抵禦希臘文化的污染／迦太基可怕的復原力／羅馬的兩個大敵／「迦太基必須滅亡」

第十二章　消失的城市／一九一

猜疑變成確信／迦太基要命的一戰／屈辱再屈辱的和談／迦太基：我們願意接受任何條件／羅馬：我們要把迦太基連根拔起／迦太基：請留下我們的城市／羅馬：把海交給羅馬吧！／從地球上消失的國家

第十三章　教訓／二〇七

過去能給現代什麼啟示？／迦太基最後的六天／受咀咒的土地／從「地中海女王」到化為灰燼／

地點是命運的指標／以商業興，因商業亡／迦太基的遺體／悲愴感人的傳說／鮮血寫成的遺書

後記　記取歷史的教訓／二二三

古代地中海・迦太基關係圖

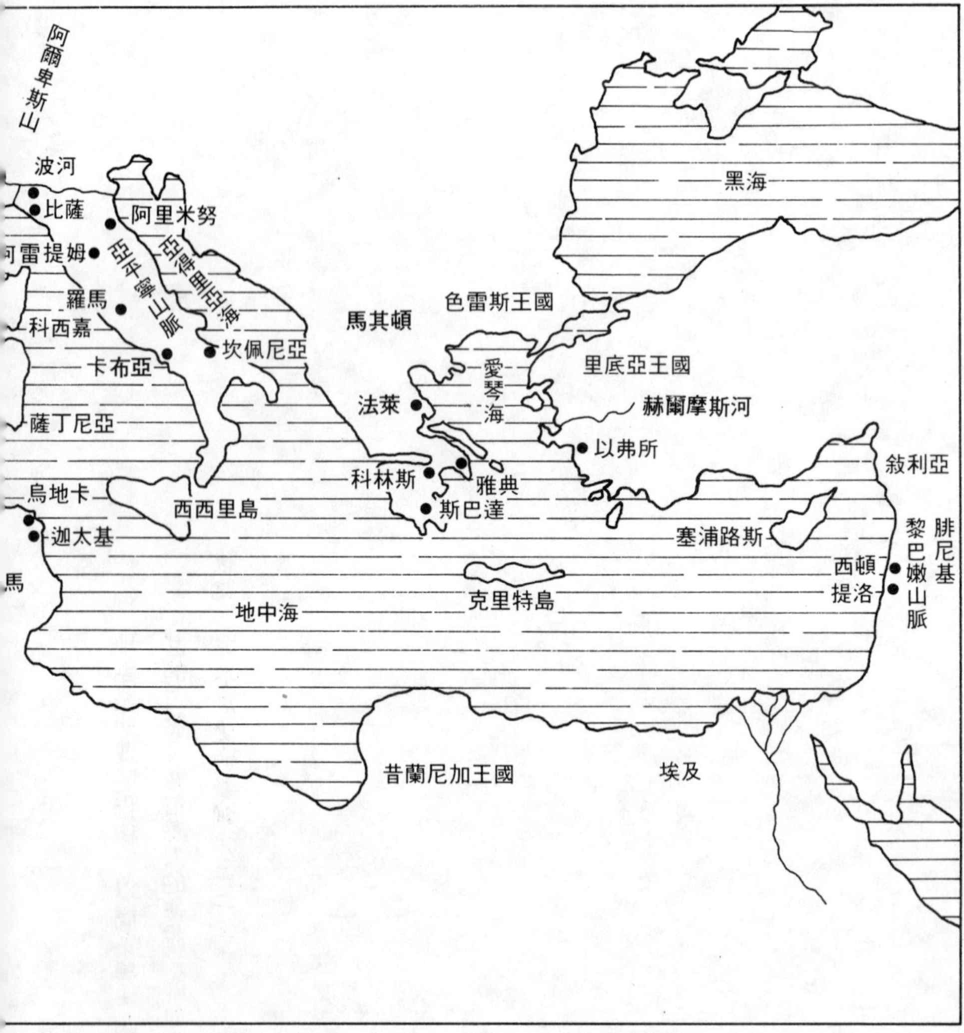

大西洋
隆河
馬賽
厄波羅河
庇里牛斯山
薩滾托
拜庫拉
巴利亞利群島
喀他基那
直布羅陀海峽
丹吉爾
亞特拉斯山脈

迦太基附近圖

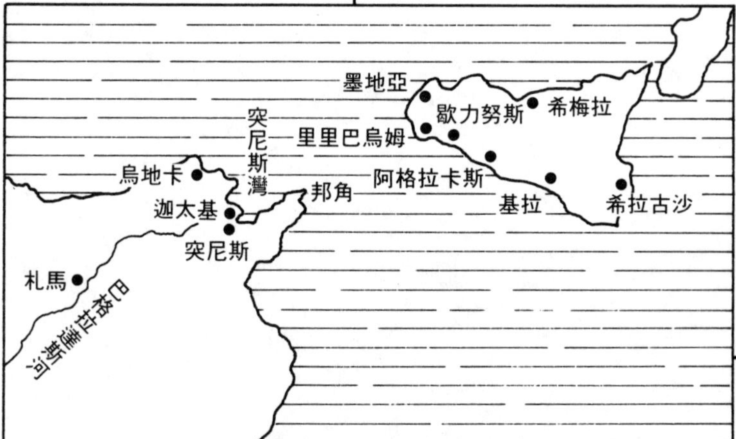

墨地亞
歇力努斯
希梅拉
突尼斯灣
里里巴烏姆
烏地卡
阿格拉卡斯
邦角
迦太基
基拉
希拉古沙
突尼斯
札馬
巴格拉達斯河

一個通商國家的興亡

・迦太基遺書・

第一章　財富的考驗

人們拚命追求的財富，到底是什麼東西呢？人們追求財富，也因財富而死亡。所以財富也可以說是一項考驗。

這是一個「經濟大國」的歷史，也是描述她之所以能成為貿易大國的故事。

二千年或更早以前，這個國家原是地中海地區最繁華、最有活力的經濟強國。但是，一味地追求財富的結果，使她樹大招風，並在短短的數百年間，從這個世界上消失得無影無蹤。由於她的財富，使附近小國因羨慕而生嫉妬，由嫉妬轉為恐懼，進而變成憎惡之情，最後終於被新興的「軍事大國」徹徹底底地破壞、消滅。

永不沉沒的貿易船

承受這個悲劇的經濟大國叫做迦太基(Carthage)。正確的名稱應叫「迦爾德•哈達斯特」，意為

「新城」。最先成為這個國家競爭對手的是希臘，但在同一時期，養精蓄銳躍為軍事大國的羅馬取代了這個對手。羅馬前後三次挑釁的結果，終將迦太基完全粉碎，使她從地球上消失。

正因為迦太基是個經濟大國，才會給羅馬帝國所謂的「羅馬式和平」帶來那麼大的威脅，而被視為敵人。

迦太基隔著地中海和羅馬遙遙相望，即現在的突尼西亞首都突尼斯所在地。義大利半島與北非距離近在咫尺，而西西里島則扮演著踏脚石的角色，其北側有薩丁尼亞島、柯西嘉島直逼義大利的胸口。這些島嶼——特別是西西里島——之所以成為戰爭的導火線，我們只要打開地圖，觀其地勢，便一目瞭然。因為在地中海貿易角色中，她是一個別人無法取代的重要基地，也是一艘「永不沉沒的貿易船」。

閱讀至此，讀者或許會認為這只不過是個兩千年前的老故事罷了。

千萬別這麼想！

兩千年來，這世界的確是瞬息萬變，令人眼花撩亂。尤其是二十世紀，地球上的劇烈變化，更是史無前例。因此，政治、經濟的地圖也隨之改頭換面。但是，人類社會的基本面貌，可以說沒什麼改變。人類的歷史事實上是綿延不斷的。爭權奪利的欲望，到今天仍然存在於我們的生活中，絲毫沒有改變。以這個觀點來看，兩千年前的事情其實恍如昨日。

事實上，羅馬與迦太基的戰爭，就是「發生在昨天」。為什麼呢？因為直到今天，人們仍然毫無改變地承襲那個戰爭的形態。現在世界上所謂的「超級強國」，正扮演著昔日羅馬的角色，而跟迦太基同一角色的「經濟大國」，不也跟以前一樣，正與這些超級強國產生摩擦嗎？因此，記取歷史的教訓，這種前車之鑑，當可警惕我們不再重蹈覆轍。

遲來了兩千年的和平條約

羅馬、迦太基之戰共打了三次，稱為「布匿克戰爭」（Punic War，布匿克是腓尼基人的拉丁文稱呼）。結果，迦太基被羅馬徹底地殲滅，連講和的條約都沒訂。因為人已全部死光，沒法訂條約了。羅馬在迦太基的廢墟上，建立新都市迦太基，成為她的行省之一。

兩千年的歲月流逝而過。人們所歌頌的永遠的都市、永不毀滅的羅馬帝國也日益衰亡，終於將指揮棒拱手讓給日耳曼民族。不知在何時，布匿克戰爭已經在人們的記憶中消失了。

但是，歷史是無法抹殺的。人們對歷史更是不能不聞不問。就在一九八五年二月五日，羅馬與迦太基之間原本無人問津的和平條約，終於在二千一百三十一年之後締結了。位在以前迦太基的所在地突尼斯發了一個AFP電文，內容如下：

在布匿克戰爭中激烈戰鬥的羅馬和迦太基，於五日（一九八五年二月）簽訂了二千一百三十一年後才訂定的和平條約。

羅馬帝國雖然在三次布匿克戰爭中消滅了北非的都市國家迦太基，但是羅馬與迦太基的後裔，也就是現在的義大利和突尼西亞，到如今才解決了這個「千年懸案」，達成協議，雙方市長在突尼斯郊外簽訂協議書。所謂的「和平」，當然指的是現代的事情。協議書呼籲保持地中海地區和東西兩陣營的和平。

簽訂儀式在古迦太基的迎賓館舉行。由突尼西亞的布魯吉巴總統夫人及穆札利首相作和平見證。（一九八五年二月七日《讀賣新聞》）

就是如此，人們已經開始用新觀點來回顧兩千年前的歷史了。

歷史公理：盛極必衰

迦太基到底是怎麼樣的一個國家呢？她跟希臘、羅馬又有什麼利害關係呢？想了解這些，就必須重新回顧兩千數百年前地中海的情勢了。

雖然我這麼說，可是巨細靡遺地探究當時的世界，並不是我一貫的作風。只是在回想當時劇情時，存在我內心的是：人類的本性自古至今絲毫未變。在人類的歷史中，有個一貫的「公理」法則，我們可以用一句話來說明，那就是「盛極必衰」的原則。

這個觀點是從佛教的無常觀來的，再加上一些日本式情感，便成了《平家物語》的開頭名句。除掉其中的感傷成份，這句名言也適用於歷史哲學上。回顧人類歷史，從來沒有一個盛而不衰的例子。時間雖然有先後之別，但萬物卻流轉不息，就像《平家物語》作者所說的：

驕者必敗，猶如春夢；
強者必亡，猶如風中燭。

「永遠的羅馬」也絕對無法永存不朽。迦太基在羅馬強力的威脅下，結束了幾百年繁榮的歷史。這兩國的命運，不正說明了盛極必衰的道理嗎？長命的羅馬、短命的迦太基，神賜給她們的壽命雖有天壤之別，但其結局是一樣的，也就是說「永遠」的榮華富貴是不可能存在的。

迦太基是何時在北非地中海沿岸建立的，只能靠傳說得知一二了。以「掠奪歐羅巴」而聞名的希臘神話提供了不少的傳說。

根據神話所言，在很早以前，統治迦南（Canaan，巴勒斯坦）這個地方的是波塞頓(Poseidon)的兒子艾吉諾王。該王有五子一女，當時，宙斯愛上他的女兒歐羅巴，便化成白色公牛接近她。毫不知情的歐羅巴見公牛健壯無比，便騎到牠背上。

突然，這頭由宙斯化身的公牛開始奔跑，游入海裡。如此，宙斯成功地將她綁架到克里特島去，把她據為己有。後來她生了三個兒子，一個叫麥諾斯，後來成為克里特島的國王，另外兩個分別叫拉達曼色斯和薩魯貝頓。

發現女兒失蹤的艾吉諾，派兒子們到各地去尋找她的下落。其中，布匿基斯越過非洲（舊稱利比亞，Libya），到了迦太基的發祥地，成為「布匿基亞人」（古代迦太基人）的祖先。最後，由於他父親去世，才又回到迦南，繼承父親統治者的地位。傳說後來迦南因其名而改為布匿基亞（腓尼基）。

其他的兒子，經過基里庫斯到小亞細亞，把當地命名為基里吉亞。加德摩斯經過愛琴海各小島，到迪波以神託所，依神的指示，建立希臘的城市迪拜。（以上根據R．葛雷布斯著《希臘神話》）

世界造船之王的海民

這則神話意味著什麼呢？

我們可以猜測葛雷布斯描述宙斯掠奪歐羅巴，可能在暗示希臘人以克里特島為根據地，入侵腓尼基，但不管如何，這個故事主要是告訴我們，由腓尼基人所建立的商業城市迦太基的商人和希臘人，在很早以前就以地中海為舞台，展開激烈的貿易爭霸戰。

對此，希臘的解釋是希臘人先占領了腓尼基。相反的，腓尼基人則說是腓尼基先在克里特島厚植勢力，從北非攻占了希臘本土。

如此看來，掠奪歐羅巴，可說是極具有象徵意義的事件了。因為，所謂的歐羅巴指的就是今日的歐洲。

迦太基建國的由來，以此故事為首，眾說紛紜。迦太基的「母國」應該是包括今日黎巴嫩所在地的腓尼基各大都市。這塊土地面臨地中海，背後為黎巴嫩山脈所迫，形成細長的海岸。雖然農耕地狹小，卻有許多良港。腓尼基人之所以能成為「海民」，可說是拜她的地理環境之賜。

他們只要發現良港，便在那裡建立好幾個都市，完全不發展她的農業或畜牧業，只埋頭尋找海上貿易的路子。幸運的是，黎巴嫩山脈就像一座高聳的城堡，成為她的屏障，而且還提供了造船最好的木材——黎巴嫩杉。

發展商業最重要的是運輸工具。他們充份利用這些杉木，努力造船，使她立刻成為世界造船之王的海民。如此再加上他們天賦的商業才能，腓尼基人就成為「商人」的代名詞了。

在她沿海都市中最繁榮的是西頓(Sidon，即塞達)和提洛(Tyre，即蘇爾)，以及敘利亞沿岸的比布勒斯(Byblos，即休拜爾)。後來提洛出類拔萃，成為全國重心所在地。而迦太基的本國（母市），其實就是這個提洛。

提洛：東方的曼哈頓

現代的提洛是位於突出的海角上，當時的提洛則位在離岸一公里，滿是岩石的小島上。她原來只是沿岸城市之一，後來提洛王希蘭（Hiram）為了安全起見——因為這裡藏有無數的財寶——移宮於此，使她成為中心都市。

提洛（蘇爾）意為「岩石」。這個「東方的曼哈頓」，南北兩側皆宜建港。他們在這裡建造大規模的港口，北邊的港為國內線，南邊的則為國際線。（就像現在的機場分為國內、國際線一樣）

如此，提洛人以這個港口為據點，熱絡地進行各種交易。在此順便一提的是，腓尼基人宣稱他們的名字是希臘人取的，他們從來沒有如此稱呼過自己。但是不管如何，他們做生意的手腕的確令人刮目相看。

當時其他各民族是怎麼樣看他們的呢？《聖經》上有許多記載。例如，〈以賽亞書〉中，有這樣的描述：「她（提洛）的商賈本來都是王侯，商販本來都是地上的顯要。（第二十三章）」

還有，在〈以西結書〉神的警告中，對提洛商人的貿易活動，有更詳細的描述：「一切航海的船隻和海員」都到提洛「交易貨物」。

他們到底買賣哪些東西呢？他們交易的貨物首推銀、鐵、錫、鉛等礦物；其次是奴隸和銅器、馬、戰馬、騾子；還有象牙、黑檀、土耳其寶石、紫色布繡貨、美麗的布匹、高級亞麻布、珊瑚、紅寶石以及小麥、包穀、蜂蜜、油、乳香、葡萄酒、羊毛，還有銑鐵、桂皮、菖蒲、毯子、鞍、小羊、公綿羊、公山羊，以及香料極品、各種寶石、黃金、豪華服飾、紫色衣服、多彩多姿的墊子、堅固耐用的鋼索……。

這些都是從塔爾史士、羅德斯島、阿蘭、猶太和以色列、大馬士革、阿拉伯、舍巴、哈郎、亞述等地運來的。

然而，就因為這些財富招搖過度，提洛最後被巴比倫王尼布甲尼撒所殲滅。

〈以西結書〉中這麼記載著：

你憑你的智慧和聰明發財，把金銀儲滿你的寶庫。你在貿易上憑你的豐富智慧，不斷增加你的財富，你便心高氣傲。

為此主耶和華這樣說：因為你心中自以為是神，為此，看，我要率領外邦人——即列國最蠻橫的人——來攻打你。他們要拔出劍來攻擊你以智慧所得的美麗，玷污你的光華，將你拋入深淵，使你在海中慘死。（第二十八章）

這個就是提洛所得到的財富的報應。

財富的毒刺

財富——猶如薔薇，令人喜歡，令人垂涎，可是它充滿了刺。刺指的是周遭人們由羨慕、嫉妬進而釀成的敵意。因為欲望乃為憎惡之母。

不僅如此，財富也會給人們帶來禍害。禍害指的就是〈以西結書〉所提到的心高、氣傲：「因你生意興隆，你就欺壓他人，犯了重罪。……為了你的榮華，你失去了智慧。」（第二十八章）

這一段指的就是「財富之毒」。所有的富人當中，幾乎沒有人能免去這個禍害。因此，《平家物語》的作者，也這麼斷言：「驕者必亡，猶如春夢。」

在神的懲罰降臨之前，財富的毒刺已經刺在提洛身上了。迦太基建國的故事中，也提到這一點。

根據傳說，大約在西元前九世紀，一說西元前八一四年，迦太基由提洛的公主伊莉莎、別名提德所建，整個傳說是從爭奪遺產開始的。

提洛王馬丁臨死前立了遺囑，國家由兒子及女兒共同統治。但一山不容二虎，哥哥（一說為弟弟）比格馬利歐與妹妹（一說為姊姊）伊莉莎之間，馬上起了爭執。

當時，管理提洛財務兼神官的男子（一說為他們的叔父）阿克魯巴斯是伊莉莎的丈夫。因此，比格馬利歐唯恐他趁機奪權，不但把他殺了，而且想把自己的妹妹也置於死地。伊莉莎知道後，用船載著遺產，暗中逃出提洛。她們一行經過塞浦路斯島，到了北非沿岸，之後在那裡建立了迦太基。

當然，這不過是個傳說罷了。可能是因為提洛一手接掌了地中海的貿易大權，為了尋找交易地點，在塞浦路斯及北非沿岸設立了不少據點，迦太基便是其中之一，所以才會有這樣的傳說吧！但是，傳說中的遺產爭奪事件，我們也不敢斷言沒發生過。而且，發生的可能性很高。

無庸置疑的，越是有錢，遺產之爭越是激烈。因為，財富的毒刺已經刺在兩個繼承人的身上了。

話說伊莉莎（提德）一行越過非洲大陸北岸，到達現在突尼西亞所在地，向當地的居民利比亞（非洲）購買土地。據說她向當地人展示牛皮，並表示她要用牛皮跟他們交換該牛皮所能覆及的土地。利比亞人認為再也沒有比這個更划算的交易，便一口答應。沒想到伊莉莎把牛皮剪成細條狀、再連接起來，圍了一大片土地。

因此，有迦太基阿克羅城邦（譯注：Acropolis，意指高地都市。古代希臘城邦宗教政治中心所在的山丘）之稱的「比魯薩丘陵」的比魯薩，就是牛皮的意思。

當然這又是個傳說，但這個故事卻將提洛人做生意的手腕，表現得淋漓盡致。

詐欺：做生意的智慧

古時候所謂商業，大半是玩弄詐欺手法，就像家常便飯一樣。一說到詐欺，我們會認為罪大惡極，但在古代，它卻能證明人們頭腦的好壞。尤其談生意，全靠臨機應變。有一段時期，人們認為做生意就是一場智慧之戰。腓尼基人就是靠著他們的「智慧」，廣結貿易網絡，發了大財。所以，腓尼基人和迦太基人給人的印象是個狡猾的民族。然而，一直認定她們是狡猾民族的希臘人，在玩弄詐欺手法上，也不輸給腓尼基人。

《希臘神話》便可證明這一點，神話裡頭，不是描述了許多互相欺騙的事嗎？連萬神之王宙斯都被騙好幾次。

普羅米修斯趁宙斯不注意時，從天上偷了火。於是，宙斯命令鍛冶之神史拜托斯用土做成女人，再命其他眾神將其裝飾成絕世美女，送入凡界。雖然普羅米修斯識破宙斯的美人計，他的弟弟亞比米修斯卻為她所迷，娶她為妻。

這個美女把她從天上帶下來的充滿「災禍」的壺打開，使這些「災禍」馬上散播到凡間世界各地。他弟弟見狀立刻將蓋子蓋上，唯一留在壺內的卻是「希望」。這就是有名的「潘朵拉的寶盒」（應稱為壺才對）故事。

像這一類的神話，內容除了描述互相欺騙之外，別無他物。前面提過的「掠奪歐羅巴」，也是描述宙斯的奸詐狡猾。因此，在遠古時候，商業就是一場智慧之戰。人們要把它稱為「智慧」或「狡詐」，則因時代和民族而有不同的見解。

法國有一位研究阿拉伯的專家A・細路亞這麼寫著：

> 根據魯南的說法：「回教徒相信高尚的品性，應該包括某個程度的欺騙行為，譬如說當個騙子之類的才行。」（《阿拉伯思想》）

這也就是說騙人無罪，被騙的才是大傻瓜。在《一千零一夜》中，也有很多這一類的故事。「阿里巴巴與四十大盜」就是一個互相欺騙的樣本。「老實」的阿里巴巴在巧騙對手之後，一定會大喊「阿拉是我最偉大的神！」

出色、熱情的經濟動物

關於迦太基人做生意的法則，有一位學者希羅多德（Herodotus，希臘歷史學家）說他們做生意非常老實，他這麼寫著：

迦太基當中，流傳著一個故事，在遙遠的「海克力斯之柱」（直布羅陀）的地方，有一個由利比亞人組成的國家，迦太基人用船載貨到這裡，將貨卸在岸邊，再回到船上，點起煙火。當地居民看到煙火，便將買貨的黃金放在海邊，然後退得遠遠的。迦太基人下船查看黃金數量是否足夠買他的貨物，夠的話，取黃金就走；如果不夠，則再回到船上。居民們會不斷追加黃金，直到迦太基人滿意為止。

整個交易過程，雙方都沒有不法的行為。迦太基人在黃金數量足以購買他的貨物之前，絕不碰黃金一下。居民們也在迦太基人未取走黃金之前，絕不碰貨物一下。（《歷史》卷四）

這段記載很清楚地描寫了迦太基人商業活動的一幕。希羅多德強調的是他們老實的從商態度。但是我比較感興趣的卻是，迦太基人航行到遙遠的非洲西岸販賣商品的那股熱勁兒。也許是因為他們語言不通，才會用這種方式從事交易。這種方式的確是老實人的做法，但我們也必須考慮到，他們在不知道對方底細的情況下，如果不老老實實，可能會招來殺身之禍。

不管如何，有一點可以確定的是，迦太基人可說是出色的經濟動物。當時，他們無論在從商的熱忱或生意的手法上，都是出類拔萃的。當然，他們也會被其他的民族，尤其是他們的競爭對手，視為異類，視為可怕的傢伙。他們的競爭對手之一的希臘人，更是對迦太基人下了嚴厲的批評。

例如普魯塔爾格斯（Plutarch，希臘傳記作家）這麼說：

迦太基人是個苛刻、不易相處的民族。對上司必恭必敬，對下屬則不講人情。遇到危險就變得懦弱退卻，一生起氣來卻又像個暴君。而且一鑽進牛角尖，就頑固得連千斤頂也抬不動。還有，他們嚴以律己，可說是個不懂幽默和親切是何物的民族……。(Donald Harden, "The Phoenicians")

另外，出生在亞力山大（譯注：埃及西北部）的羅馬歷史學家阿匹亞諾斯批評他們說：「迦太基人發達的時候，表現得冷酷、傲慢；可是一旦跌入逆境，就變得卑恭屈膝。」

這些評語可能是事實，但只要是人，或多或少都有這種共同的毛病。

老實說，當我看到這些評語時，心中為之一震。因為今天世界各國也是這樣批評日本的。而且戰後，人們對日本人的評語，仍然沒有改變。

因此，我們不能說迦太基這個國家和日本沒什麼關聯。所以我內心起了個念頭，想要重新研究迦太基的奧祕。我帶著百感交加的心情，拜訪了昔日迦太基所在地——突尼西亞。

幻滅的迦太基的黃金

十幾年前，我第一次訪迦太基遺跡。當時，站在那裡，映入眼簾的是由含羞草花（譯注：mimosa，含羞草屬）搭成的金黃隧道。含羞草屬刺槐科。刺槐科有幾百種，含羞草是其中的串刺槐。從乾燥的亞熱帶到溫暖地區都適合它生存。因此，北非地中海沿岸可說是主要分布區，在湛藍的地中海邊，綿延不斷地開滿含羞草鮮黃的花朵。

我剛才雖然說是迦太基遺跡，事實上，這個國家可說沒留下任何遺產。在突尼斯灣迦太基海岸所看到的一大片遺跡，都是羅馬帝國在征服迦太基並將她消滅之後，所重建的都市廢墟。

佇立在比魯薩丘陵，我看到的是昔日戰士們的夢想，像一團雲煙，從令人窒息的春草叢中冉冉昇起。五彩繽紛的野花浴著海風，在這片廢墟裡到處可以看到下垂的金黃枝葉。看著這些景象，不禁使我想到，這些含羞草不正代表著已經幻滅的迦太基的黃金嗎？

猶如春夢——人們拚命追求的財富，到底是什麼東西呢？人們追求財富，也因財富而死亡。所以財富也可以說是一項考驗。人類本來就有能力忍耐貧窮的生活，因為貧窮會激勵人心，產生莫大的生存力量；但是，財富反而會奪去人們的能力。就像〈以西結書〉中所說的，人們「因財富而心高氣傲」「因榮華而失去智慧」。

今天，在世界上，日本人不也面臨著這種「財富的考驗」嗎？因此，探討迦太基悲劇史，將是與我們息息相關的課題了。

想著、想著，我心情沉重地踩著地中海的斜陽，走過比魯薩丘陵。

第二章　海的子民

腓尼基人沒有建立像埃及或波斯那樣的大國，而且甘心做個小國。因為對「海民」腓尼基人來說，他們的「國土」就是浩瀚無邊的海洋，海洋才是他們的領土。

我們可以從各種角度來看人類的歷史。同樣的，世界史也會因人們視點不同而有各種解釋。因此，看法不同，整個歷史將會改頭換面，充滿嶄新的意義。所以我們不是要回顧歷史，而是要經常面對歷史，針對過去的事物，加以討論。

歷史可以有好幾種解釋，有時歷史記載跟事實正好相反。即使我們以科學的精神，客觀且嚴謹地給予評價和過濾，歷史畢竟是過去式，無法複製，更不能重現。雖然讓歷史重現是研究歷史必經過程，但是，我們研究歷史，最終目的是要探討昔日現象所代表的意義。就算歷史能重現，它所代表的意義並沒有顯現出來。

畢竟，要了解事物的真義，非得靠我們自己下判斷不可。

海是歷史的舞台

當我讀到德國政治家卡爾・史密特(Carl Schmitt)的著作《陸與海》(*Land and Meer*)之後，才使我體悟到剛才提到的，要靠自己下判斷的道理。如這本書的副標題「世界史考察」所示，這是一本從海洋開始探討世界史的著作。

生物由海洋開始，已經是家喻戶曉的常識了。但是，大部分的生物，最後都爬上陸地，繼續生存。

不用說，人們也是陸地動物，他征服陸地，成為萬物之靈。人類成為陸地之王，當然是以陸地的觀點來生存。所以支配人類思考的，是陸地性的觀點，而不是海洋性的。

但是，地球表面四分之三是海洋，陸地只占四分之一。所以，我們不應該稱它為「地球」，應該稱「海球」才對吧！

這個就是史密特「世界史考察」的出發點。在這本書中，他提出人類是「大地之子」還是「海洋之子」的疑問。答案當然是兩者皆是。如此說來，人類應該俱有雙重特質(element)才對。因此，人類曾經懼怕過陸地怪獸比希莫特(譯注：Behemoth，《聖經・舊約》中的食草猛獸。有些專家認為比希莫特即河馬；利維坦為鯨、鱷魚或蛇)和海怪利維坦(譯注：Leviathan，猶太教神話中的一種獸。非正典著作《以諾一書》第

60章載，利維坦是海洋的雌性統治者與統治陸地的雄獸比希莫特相對，將來兩獸將大戰）。

史密特這麼說：

根據喀巴拉(Kabbala)學者（信奉猶太教神和主義的學者）中世紀思想的解釋，世界史應該是一部描寫巨鯨利維坦和跟牠匹敵的類似公牛或大象的怪獸比希莫特之間的戰鬥史。。比希莫特企圖用牠的角或牙齒撕裂利維坦的身體；而利維坦則用牠的鰭來堵住這個陸棲動物的口鼻，使牠不能呼吸，也不能吃東西。

這一段描述主要是在暗示海國用斷糧之計，切斷糧道，以達到封鎖陸國的目的。這段描寫得生動活潑且充滿神話色彩。（《陸與海》）

史密特完全同意喀巴拉學者的說法，而且宣稱「世界史就是一部海洋世界與陸地世界之間相互戰鬥的歷史」。的確，如果從這個角度來看世界歷史的話，比希莫特與利維坦的戰鬥景象，就很鮮明地浮現在我們眼前了。

他把這個例子用於解釋希臘、羅馬、維京人(Viking)，以及拜占庭帝國和威尼斯的興亡史，除此之外，他更用這個觀點，巧妙地描繪十五、六世紀大航海時代的主角西班牙、葡萄牙，以及後來取代這兩國地位的荷蘭，還有主張帝國主義的英國等國家的歷史。

很遺憾地，這個觀點早就被人們忘得一乾二淨了。大多數的歷史學家都太注重陸地而忽略海洋。雖然世界史上也發生過好幾次海戰，但畢竟人們還是以陸地的觀點來看它。

我們如果以地球性的觀點來研究歷史的話，歷史的舞台——更正確的說法是，世界史啟幕落幕的舞台，應該是海洋才對。

人類是「海神」還是「山神」？

目前，歷史學家已經預測「太平洋時代」即將到來。根據這些歷史學家的說法，世界歷史發源於地中海，後來轉向大西洋，現在已漸漸地移到太平洋了。

史密特將世界史分為三大階段：

・東方大河流域（底格里斯河、幼發拉底河、尼羅河）時代。

・從希臘、羅馬到歐洲中世紀的內海（地中海）時代。

・美洲新大陸的發現和航行地球一周所帶來的大洋時代。

以海洋為舞台，就必須具備造船技術、航海術、天文以及海洋科學的知識。具有這些知識或技術的民族，實際上也掌握了「制海大權」，成為歷史的主角。

但是史密特認為，除了技術和知識之外，關鍵在於人們是否具有將海陸一視同仁的心胸，甚至於將海洋當作自己生存空間的資質。史密特為何會提出這個觀點呢？他引用了法國歷史學家米什萊(Jules Michelet)的一段話來說明：

是誰發現大海以及航線的呢？也就是說，是誰發現地球的呢？答案應該是鯨魚和捕鯨者。……因為如果沒有鯨魚，漁夫也只會在沿岸捕魚了。鯨魚把他們從海岸引誘到大海，為了捕鯨，人們發現海流，進而找出一條通往北方的海路。這些都是因為鯨魚的引導而成的。

另一方面，把陸地當做人類生存領域的先驅者又是誰呢？比起海洋，陸地面積雖小，但它也曾經是一個充滿神秘的「未知世界」。

史密特又說：

十六世紀的時候，地球上有兩種動物的獵人，是決定歷史的關鍵性人物。兩種（其中之一為前面提到的捕鯨者）獵人一起開啟無限的空間，發現更大的生存世界。在陸地上，俄羅斯的毛皮獵人，為了追逐毛皮獸的蹤跡而征服西伯利亞，經陸路到達東中國海。

就是這樣才有了真正的「海神」和「山神」，而決定人們成為海神或山神的資質，史密特稱之為「要素」。人類是選擇海洋，還是選擇陸地；是由海洋看陸地，抑或是由陸地遠眺海洋——總之，人類就是靠這個「要素」來選擇自己的生存空間，也因此決定某個民族或國民成為「海神」或是成為「山神」。

這些全靠人類的抉擇，也可說是命運的抉擇。史密特又說人類「在歷史上只不過是瞬間的存在，其本身的行為及機能決定了人類在歷史上生存的整體形式。而且，人類也有權利選擇託身之處的要素(element)」。我們也可以從這裡看得出世界史，或命運劇的中心思想了。

希伯來人的海洋恐懼症

我們不能因為一個國家是個四面環海的島國，或是擁有很長的海岸線，就認為她一定會成為海民。就拿腓尼基人與希伯來人來說吧，同樣是住在迦南(Canaan)而且同屬閃族人(semite)，卻有截然不同的民族性。

腓尼基人在早期就已深入海洋，把海洋看成是自家庭院，而成為「海神」；然而，希伯來人卻對海抱著恐懼感。這種對海的恐懼，也可說是希伯來人的特性吧。

瑞士一位研究《舊約》的學者魯德威·凱勒說，這種對水的恐懼，是因為巴比倫神話中提到，世界只是一個從原始之水汲出來的說法而來的(《希伯來型的人類》)。也就是說他們一直處在會被水吞噬的恐懼裡。

東方各國對洪水的傳說也證明了這個說法。〈創世記〉中，諾亞方舟的洪水故事便是個例子。《聖經》上說：

諾亞六百歲那一年，發生洪水，水在地上氾濫。……那一天，所有深淵的泉水都冒出，天上的水閘都開放了，大雨在地上下了四十天四十夜，……洪水在地上氾濫四十天，水不斷增長，浮起方舟，方舟遂由地面上升起。洪水洶湧，在地上猛漲，方舟漂浮在水面上。洪水在地上一再猛漲，天下所有的高山也都沒了頂……。

諾亞依神的指示造的方舟。有三百肘長（約一三五米），五十肘寬（約二十三米）。三十肘高（約一三．五米），分為三層，所以應不是細工的竹筏，而是個巨大的方舟。在這個故事裡，活生生地描述了他們對水的恐懼感。

諾亞方舟中的洪水，是河水氾濫，不是海嘯。但是河水氾濫的記憶會移向對海洋的恐懼。凱勒從〈耶利米亞書〉中，引述一個例子來說明此點，該書中有一則神的宣告：

主這麼說，我將沙灘做為海的邊界。永遠都是如此，海水不能越過它。儘管波濤洶湧，也不能侵犯它，不能超越它。

這則宣告說明了，海洋和陸地涇渭分明，而兩者間的分界線——也是阻擋海水的沙灘，在希伯來人的世界觀中，扮演著重要的角色。凱勒認為這是一種對混沌狀態所產生的恐懼感，而這種恐懼感，成為一種預感或記憶或知識，一直存在希伯來人內心深處。所以，希伯來人永遠只能當陸民。

迦太基王漢諾的航海日記

腓尼基人與希伯來人正好相反，她壓根兒就是海民。前文中史密特說過，十六世紀的捕鯨人和毛皮獵人開拓了無限的空間，但比這個更早以前，也就是大約兩千年前，腓尼基人、迦太基人便已經把船航向未知的海洋世界了。關於此點，希羅多德(Herodotus)這麼說：

傳說埃及第六王朝的法老王尼古斯，命令腓尼基人航行非洲大陸一周給他瞧瞧，於是：

> 腓尼基人由紅海出發，航向南方的海洋。剛好在那個時期，他們曾經航行過利比亞(即非洲)，所以就先在那裡靠岸，播下穀物的種子，等到收割之後才又開始航行。
>
> 他們就是用這種方式過了兩年，第三年，他們繞過「海克力斯之柱」，回到埃及。他們在航

海報告中提到一件事，不知道別人怎麼想，但令我們難以置信，那就是——在航行利比亞一周的途中，太陽一直在右手邊。（《歷史》卷四）

太陽在右手邊，指的是太陽一直在北方。希羅多德雖然認為此點難以置信，但是，如果從印度洋南下，經過好望角出大西洋北上的話，太陽當然在北方。因此，如果他們是親眼看到太陽的位置的話，那麼，腓尼基人確實航海繞了非洲大陸一圈。

希羅多德又說，繼腓尼基人之後，再次探險非洲大陸的便是迦太基人。這個迦太基人指的是漢諾(Hannon)。在他留下的航海日記中，開頭這麼寫著：

這是迦太基王漢諾航行遠在海克力斯彼端的利比亞地區一周的報告，而且將它供奉在克洛諾斯神殿。其記錄如下。

然而，很遺憾地，這份記錄太過於簡略，只能了解大概的情況。但裡面仍然記錄了很貴重，或者應該說是令人驚訝的資料。譬如，他率領了五百筏的船隻六十艘，載三萬男女，以及必備糧食出航。由地中海向西前進，過直布羅陀海峽進入大西洋，航行兩天之後，到達第一個基地，在那裡建立第一個殖民城市，並且把她命名為提米阿特倫……。

這個城市可能位於摩洛哥西岸，現在的拉巴特(Rabat)附近吧！

接下來是記了一些他南下途中經過的幾個地名，以及四周的風景等等。所記的地名，由於眾說紛紜，也不能確定是現在的什麼地方，我也不想深入考證。反正不管如何，他確實到過一個叫喀爾內的小島，並在那裡設立基地。或者我應該說是漢諾一行人把這個小島命名為喀爾內(Kerne)才對。迦太基人在非洲建立的殖民地當中，這個島是最南的一個。

漢諾以此為根據地，進一步南下，向西非大西洋岸探險，並且到達塞內加爾河(Senegal)的河口。塞內加爾這個名字是後來才取的。當時，漢諾叫它克里特斯河。因為記錄中，提到河裡有河馬及鱷魚，所以人們推測可能就是現在的塞內加爾河。

那麼，漢諾的基地喀爾內島，又是在哪裡呢？雖然眾說紛紜，無法確定，但有個說法比較有力的，是指今日西班牙領地的撒哈拉的里奧德奧羅(Río de Oro，意指金川)灣內的島嶼。另外，也有人說是現在的塞內加爾首都達卡(Dakar)對岸的島嶼，也就是以販賣奴隸而惡名昭彰的格雷島。

不折不扣的海民

由於漢諾的航海日記太過於簡略，所載的地名無從考究。但在他的記錄中，有一段令人好奇的敘述：「我在晚上經常看到火焰高高低低地燃燒」，而且他說在航行中，曾經目擊到一個大火柱

「幾乎要碰到星星了」，也許他看到的是火山爆發，因為他說那座山叫做「神的戰車」。

漢諾雖然看到如地獄之火在燃燒的光景，卻仍然繼續航行。後來，當他們進入一個叫做「南角」的海灣時，看到灣內有個島嶼，島上有許多全身毛絨絨的蠻人，大多為女人。他們抓了其中三個，但是被她們又咬又抓的，所以把她們殺了，並且剝下她們的皮帶回迦太基。他們的翻譯人叫這些蠻人為「猩猩」(Gorilla)。

漢諾到這裡之後，由於糧食耗盡，不得不返航。因此，他的航海日記也記到此為止。

那座噴火的「神的戰車」的山，是不是喀麥隆火山(Mount Cameroon)？全身毛絨絨的蠻人是現在我們所知道的猩猩？還是未開化的人類？這些都已無從考證。但是，再次讓我驚訝的是，距今二千五百年，或更早以前——人們推測漢諾航海大約在西元前五百年前後——迦太基人就已率領這麼大的船隊，到西非海岸探險了。不但如此，而且還在那裡建立經濟（交易）的基地。

這份記錄的可信度有多少，還是個問號，但，它也不是胡亂編造的。因為它裡面所描寫的各種情景，如果沒有實際航行西非海岸，是寫不出來的。這位叫做漢諾的「迦太基王」（也許，他只是高官之一），的確曾經航行到現在的塞內加爾附近。光從這個成果來看，毫無疑問的，他們是個不折不扣的「海民」。

我在前面已經說過，希伯來人是陸民，而腓尼基人是一個個性跟他們恰恰相反的民族。《聖經・

列王記》中的記載，更可充份地證明我的說法。

以色列王所羅門的財富與智慧，在世界上沒有人可以匹敵，他和提魯斯（提洛）王希蘭非常友好。提魯斯是腓尼基的城市之一，所羅門王為了建造豪華的神殿和宮殿，託希蘭派人砍伐黎巴嫩杉，一來木材是建築不可缺的材料，二來是因為他需要腓尼基人的建造技術。

海民腓尼基人的造船技術，無人能與其並駕齊驅。因此，所羅門王在造船和行船經商上，也都依賴他們。在這裏我順便提一下，就是現在的共濟會(Freemason)聽說是由希蘭手下的建築師和石匠所創立的。

無出其右的貿易專家

現在我們來看《聖經》上的記載：

所羅門王在厄兹雍・革貝爾成立船隊。這個地點位在厄東城紅海海岸厄拉特附近。希蘭派遣自己的巨僕，善於航海的船員，與所羅門王的僕人同船航行。去到敖非爾，從那裡裝載了黃金四百二十「塔冷通」，運到所羅門王那裡。

……從敖非爾運金子的希蘭船隻，也從敖非爾運來大批檀香木和寶石。君王用檀香木，為主的神殿和君王的宮殿製造欄杆，又為詠唱者製造琴和瑟。以後，再也沒有這樣的檀香木運進來，也沒有人再見過，直到今天。

希蘭的船隊這次航行花了三年的時間。假設他們在敖非爾待一年，來回航行就是花了兩年。腓尼基人竟然能忍受那麼長的航行，對他們而言，海洋，就像他們陸地上的「家」一樣，毫無差別。

在這裡，又讓我想起了一件事。位在埃及「王家之谷」附近，埋葬第十八王朝女王哈特薛普絲特的葬祭殿裡，有一個美侖美奐的浮雕，上面也巧妙地刻寫了腓尼基人船隊的事跡。哈特薛普絲特是西元前一千五百年左右時的法老。葬祭殿背後是荒涼的巨大岩壁，直到三千五百年後的今天，該殿仍不失其富麗堂皇。在它南面的柱廊牆壁上，刻有象形文字：

看那些船隻，載滿了蓬塔(Punta)國的貨物。香木、黑檀、象牙、香料，猿及狒狒、豹、毛皮、僕人以及小孩。埃及從來也沒有一個法老能在尼羅河岸聚集這麼多的東西……。

載這些「珍品」的船，也是腓尼基的船隻，共有五艘。在這個柱廊牆上，清楚地描述當時船隻出航的情形，在海上航行的模樣，如何進入蓬塔國的港口，以及搬運工人的樣子等等，令人有身歷其境的感覺。

腓尼基人不只是提供船隻而已。他們還給埃及法老帶來蓬塔國的情報，並且擔任貿易仲介，或者直接背負交易責任。這個「蓬塔國」，指的又是哪裡呢？就像我前面提過的「敖非爾國」一樣，也是眾說紛紜，無法考證，這可能和腓尼基人的保密主義有關。

身為海民的腓尼基人，很早就能自由航行於海上，因而掌握了各地的情報。但是他們卻不會把通往「各國」的航線公布出來。因為他們怕別人搶走他們獨占的利益。所以，不管是埃及法老，或是以色列國王，如果沒有腓尼基人的幫忙，是無法從事交易活動的。

換句話說，當時，腓尼基和迦太基人是貿易專家，他們在各地進行交易，扮演著專業仲介的角色。也因此，在情報蒐集、運輸手段、買賣技巧、生意點子以及冒險心方面，有很長一段時間，無人能出其右。

腓尼基人就是透過這樣的交易活動，扮演著古代文化交流橋樑的角色。除了經濟之外，她在政治和外交上，一定也扮演著重要的角色，因為想要在貿易上和別的國家進行交涉，就非得有外交背景不可。

要是他們留下當時的記錄和報告，古代世界的面貌及內容，都會隨之明朗化，那就我們而言，將會是一齣多麼引人入勝的戲劇呀！然而，他們卻守口如瓶。不，應該說，就因為腓尼基人互相信賴，嚴守秘密，才會成為卓越的商人。

這麼看來，經濟與政治、貿易與外交的關係，自古至今，可說是一點也沒改變。

高深莫測的神秘民族

海民腓尼基人與陸民希伯來人個性完全不同，但提到做生意的才能，兩者都不差。他們以及希臘人做生意的技巧和熱忱，皆不落人後。但是，在所有的商業民族當中，腓尼基人算是比較特殊，而且是個謎樣的民族。

人們對他們的評語，有各種極端的說法，莫衷一是。即使是同一個人，對他們的印象也很矛盾，而且混亂不清。我們只能說，迦太基人是個高深莫測的民族。

古代埃及的繪畫中，充份發揮其想像力，將當時世界各民族以各種姿態描繪出來。前面提過的米什萊(Michelet, Jules)面對著「表現真實令人感動的埃及畫」，寫下了他對腓尼基人的印象如下：

> 他們像水手一樣，體態輕盈，經常露出手肘，並且穿著不影響行動的短裙。他們具有遠眺大海的好眼力。他們面貌好看，個性老實，但是有一點會嚇壞人的——他們竟然沒有脖子。好

像是未成熟的小孩，由於早熟放蕩，所以長到一半就不發育一般。在他們臉上，浮現著他們進行恐怖交易及掠奪人肉時的殘酷與冷漠。（羅蘭・巴特《米什萊》）

這段描述可能有點文學性的誇張，但是或許這就是在他們活躍的當時，人們對他們的共同印象。

荷馬更嚴厲地以騙子、詐欺大師、狡猾等字眼批評他們。在《奧德賽》一書中，他寫著：「以造船出名的腓尼基人運很多小東西到『那裡』去。這些貪得無厭的惡棍。」

當時有一個被海盜抓去賣為奴隸的西頓出身的女人，正在洗衣服。腓尼基人在「那裡」出現後，立即盯上這個女人，把她誘騙至船上，並強姦她。然後，在一年之後帶她上船，把她帶走了。在那一年當中，腓尼基人到底做了些什麼呢？他們「積極地做生意，把原來的空船（已經把貨物卸光的貨船）裝滿貨物」。船一裝滿貨物，他們便踏上歸途，在臨走時還順便刼走女人和小孩。

怪魚與怪獸的對決

古時候所謂商業和交易，大概指的是這一類的事。其中技術最高超的便是腓尼基人。因此，他們的財富多得令人無法相信。雖然如此，腓尼基人卻沒有建立像埃及或波斯那樣的大國。不但沒有，而且甘心做個城市小國。因為，對海民腓尼基人來說，他們的「國土」就是浩瀚無際的海洋，海洋才是他們的領土。黎巴嫩出身的歷史學家希弟如此描述：

腓尼基人從很早以前（西元前十幾世紀）就已從事沿海航行，做一些像鮪魚、玻璃、土器及其他屬於地方性的產物買賣。在他們還是獨立國家的時代，他們縱橫大海，繪出東西方貿易的海圖，並且在地中海四處建立殖民地。他們將這一片大海視為腓尼基的湖泊。至於希臘人或羅馬人將它據為己有，那是後來的事。（《黎巴嫩史》）

腓尼基人以及他們在非洲大陸北岸建立的迦太基，可說就是怪魚利維坦。他們命中註定要和後來崛起的陸地怪獸比希莫特——也就是羅馬——做決定命運的對決。這也是神的旨意吧！

第三章　商　人

人類欲望不同才會促成物品的交換。有了這種需求，從中專門承辦「欲望交換」的人類集團便隨之產生——商人，開始出現在人類的歷史舞台上。

哪些人在人類歷史上繪上華麗的色彩呢？我們會想到他們可能是國王、英雄、武將，或是心狠手辣的政治家，以及聖人，哲學家，美的使徒……。

在這些多彩多姿的人物中，有一群人默默地擔負推動文明的重任。他們幾乎都是無名小卒，也不想出名，只是把財富當成夢想。有時不顧生命，有時得準備接受毀滅的代價，有時還得強忍別人的侮辱等等，別人想像不到的難關，他們卻能一一渡過。

有時多年的努力可能在一夕之間化為烏有；但是，命運這東西實在令人難以捉摸，因為有時候它卻會帶給我們意想不到的幸福。就像一些人不眠不休地辦活動，有時會得罪人，有時也會得到報償一樣。但是對他們來說，不管結局如何，絕對不會放棄工作的。他們這種不達目的絕不罷休的作風，不知不覺地推動了文明的發展。

負責交換欲望的媒人

這裏所謂的「他們」，指的就是商人。

商業始於何時？什麼樣的行為才叫「商業」呢？對於這個問題，眾說紛紜。如果把最單純的交換也視為「商業行為」的話，這種買賣自從有人類就開始了。

人類欲望不同才會促成物品交換。有些人想要這個東西，有些人想要那個，如果自己想得到的東西在別人手上時，便會造成交換物品的行為。

於是，馬克斯・韋伯(M. Weber)認為商業的出發點在於「不同的習俗集團」，他說「最早的財貨流通應該是不同種族間的交易（韋伯《一般社會經濟史要論》）。因為種族不同所要的物品也不一樣。如果是生活必需品，這些交易就更迫切了。

因此，從中專門承辦這種交易的「人類集團」，便隨之產生，也就是商人登場了。當然，要擔負這個任務，必須具備一些條件。比如說，他們必須能獨立作業，以及擁有流通產物的運輸手段。這個包括確保交通路線，獸力搬運，以及船舶製造等等。

商業是否能發展起來，和這些條件息息相關。而最早具備這些條件的地方便是東方（美索不達米亞）。

農耕的發展雖然在開始時比較緩慢，但後來卻會有糧食生產過剩的情形。同時，也會把人們局限在一定的土地範圍內。於是，跟別的地方的交流（交換）活動，就變得非常需要。而商人在這裡發現最適合他們的舞台。為了滿足人類不同的欲望，得要有個居中拉線的「媒人」。這個「媒人」從雙方取得手續費，在交易過程中，他們當然以利益為目的，因此漸漸地，他們打開了活躍的大門。

追溯這些過程，我們可以發現，早在紀元前四千年末期，早期的「商業」活動已經出現在南美索不達米亞的蘇美(Sumer)地區了。很多蘇美人留下的粘土板上，有許多用特殊文字（譯者注：指楔形文字）所刻的經商記錄。

都市與商業形影相隨

都市是人類集團的據點，也是為配合商業步調而形成的。人類做生意，不管是以物易物，或以財易物，必須有多餘的財物才得以交易。而為了生產這些「商品」，得要有工場才行。存放商品的倉庫也是不可缺的。而為了跟其他的人做生意，更需要一個固定的場所（市場）。如此，都市因商業而產生，商業也因都市而更加蓬勃發展。都市的形成，必須有很多條件，商業應該是促成它出現的主要因素。所以，都市的形成也可說是由市場開始的。若沒有市場，皇宮或神殿也無從生存了。

古代中東各地，不斷地出現這種以商業為根基的都市。而專門負責這些商業的人便是閃(Sem)族。包括亞述人、巴比倫人、希伯來人、阿拉伯人等民族。還有，被稱為迦南人的腓尼基人也是閃族的一支。

這些民族有共通的個性，共通的語言，所以合稱閃族。這些民族當然也有她們自己的特質，但她們之間有個共同的特性，那就是她們都擅長經商。亞述人、巴比倫人和希伯來人(猶太人)到今天都還在發揮這項才能呢！而阿拉伯人在做生意方面，更不落人後。

「發明」商業的，別無他人，就是這些民族。四千多年的商業傳統，到今天仍然流傳於這些民族的後裔之間。

二十年前，我第一次踏入了閃人的世界。當初，我是想探訪巴別塔(The tower of Babel)所在地巴比倫廢墟才去的。巴比倫古都的遺跡位在巴格達南方約八十公里的地方。我先飛到《一千零一夜》故事的舞台伊拉克首都巴格達。這是我第一次訪問阿拉伯的城市，第一次踏入回教文化圈，也是第一次看到東方歷史的舞台，因此，所有的東西都那麼珍奇，一切事物都令人興奮不已。

底格里斯河緩緩地流過這個城市，那兒有一座「殉教者之橋」——聽說在很早以前，《一千零一夜》裡的國王哈倫・阿里・拉席德曾經喬裝平民走過這裡——，橋的這一頭，大馬路塵土飛揚，橋的那頭，清真寺光彩燦爛，令人錯以為是剛昇起的圓月，這裡有個叫做卡魯夫的庶民區，阿里巴巴好像隨時都會在那兒出現似地。一些長老們聚集在茶店聊一些漫無邊際的話題，以消磨時間……。

不殺價是失禮的行為

但是，最令我驚訝不已的是，我的落腳處，也就是位在底格里斯河畔一家簡陋旅館的老闆，竟然自稱是亞述人。

「咦？你說你是亞述人？」我禁不住回問他。

那個老闆穿著一件髒兮兮的及膝圍裙，滿下巴的鬍子。用認真的表情說：「沒錯，我是亞述人的後裔。所以這旅館才取名叫做薩爾約翰旅館」。

薩爾約翰指的是亞述王薩爾恭二世(Sargon II)。經他這麼一說，我仔細端詳那老闆的臉龐，他的表情果然像極了裝飾在亞述王宮的浮雕上所刻的亞述人的長相。

儘管如此，薩爾恭二世君臨此地，也是早在二千七百多年以前的事了。想到這些，我突然覺得自己好像穿越了時光隧道，回到從前一般。

接下來又令我驚訝的地方是城中那個大市場。在那裡，擺滿了令人眼花撩亂的金銀製品，皮革封面寫滿了《可蘭經》，阿拉丁神燈造形的大吊燈，商隊用的山羊皮水囊，柄上鑲了馬賽克的馬鞭，還有騎著駱駝的長老們，在這些東西當中，夾雜著色彩鮮豔的涼鞋，電晶體收音機，手提包，雜貨，棗椰，衣服，樂器……。賣這些東西的商店擁擠地排列在斗篷下面。

從這些商店裡，不時地傳來店老闆的叫賣聲；騾子背著如山的商品，穿過這個雜亂的人群；到處追逐嬉戲的小孩，鬧中取靜的老人，尖銳刺耳的女人聲……而我，卻只是茫然地呆立在那兒。我心裡想著，這不就是四千年來，東方人經營「商業」的形態嗎？

除此之外，更令我驚訝的是，每家商店都沒有標價。要買東西，都得一一問價錢。剛開始老闆一定會把價錢說得很高，我想這一定是因為老闆看我是外來客，而且像是有錢的觀光客，才會抬那麼高，我便故意說：「這太貴了吧！」

這時，老闆會叫你等一等，然後開始解釋這個價錢的合理性。不習慣這種買賣方式的日本人，大概都會經不起這些說辭，心裡雖然覺得太貴，後來還是照那個價錢買了。

其實這種購物方法實在太「愚蠢」了。不殺價是不行的。即使對方開出的價格你能接受，還是得殺殺價才行。不殺價不但自己有所損失，對老闆來說也是一種失禮的行為。

因為，做生意，買方與賣方都得認真交易。賣方當然會儘量賣高價，而買方得設法殺得便宜一點，因此，不這麼討價還價的人，會被認為「愚蠢」無知，或是被認為有辱商業尊嚴。

店老闆之所以會出不合理的高價錢，主要是要「試探」一下買方的購買意願罷了。如果我們越是厚臉皮地殺價，表示越有意要買，賣方確定買方要買之後，才開始真正的交易。

買賣就是討價還價

這種討價還價大概有個固定的公式。賣方出了價錢之後，會稍微讓步，降低一點。當然買方不能就此罷休，降那麼一點點是不夠的，得繼續加油。賣方會再降一點，但買方得徹底地拒絕那個價錢。然後價錢又會再低一點，買方還得搖搖頭。有時，得作勢假裝要走了，即使這樣，談判絕對不會決裂的。

老闆一定會追出來，說：「哎呀！您別走，喝點茶吧！」

然後把客人拉回店裡，奉上買賣專用的茶水，客人也不必客氣，可慢慢地品嘗茶香無妨。喝完茶，再重新開始談價錢。

最後，老闆眼看討價還價時機成熟，就會突然問客人說：「那麼，到底要多少錢您才要買呢？」

談到這裡，便是交易的最高潮了。但，假如客人沒料會碰到這種問題，就會有點狼狽，最多只會說個八折的價錢。

店老闆一聽，一定會有些吃驚，但還是假裝苦思一陣，才慢慢地說：「真敵不過你。好吧！賣了！不過，你可別跟別人說你花這個價錢買的喔！我特別例外算你便宜的，記住秘密喔！」雖然如此，他臉上仍掩不住得意的表情。為什麼呢？因為他得到了預料之外的利益。因為他預料客人會出半價，而不是八折。然而，那些商品，即使賣半價，還是有賺頭的。

到這裡，討價還價的「公式」才告結束。對阿拉伯人來說，買賣就是這麼一回事。買賣就是鬥智，是一種盡討價還價之能事的人所經營的事業。其結果，賣方與買方皆大歡喜。商品也因此得以流通。賣方能獲得高利，而買方也會很得意自己竟然能以八折的價錢到手。

不只在巴格達能看到這種買賣方式，阿拉伯的任何一個城市，不，連非洲的內陸地區以及印度，都是如此。這是個傳統，從美索不達米亞到他們做生意的各個地區，很早以前就用這個方式了。這也可說是閃族所「開發」出來的商業雛型。不管是亞述人、巴比倫人、猶太人、或是阿拉伯人，都是靠這個銷售秘訣，他們的商業才得以蓬勃發展。而在這群人當中，不論是智慧上，熱心上，尤其是行動能力上，都能夠發揮異於常人的能力的，就是腓尼基人和迦太基人。

貿易都市國家的誕生

迦太基繁榮的歷史，在短短的數百年間，便告結束。她們出類拔萃的商業才能，招來仇恨，而被強勁的羅馬帝國滅亡。但是，她們的歷史在被毀滅之前已綿延了數千年了。想要知道真正的迦太基人，就非得回顧這段歲月不可。

屬於閃族的一支，叫做迦南人的族群，約在西元前五千年前，出現在巴勒斯坦。當時的生活情況，我們不得而知。他們以腓尼基人之名，漸漸嶄露頭角，可能是在西元前一千二百年的時候。

那時，東方世界發生了大動亂。有一支被稱為「海民」的印歐語系的民族，從希臘、巴爾幹半島大舉南下，大大地改寫了當時勢力範圍的地圖。埃及這個大國家，總算是逃過這一劫，但勢力卻衰退許多，而埃及的競爭對手西台(Hittite)帝國卻滅亡了。這些大國的衰亡，使東方及地中海世界變成真空狀態。而位在敘利亞、巴勒斯坦沿岸，屬於腓尼基人貿易範圍的西頓、提洛等地，像是填補這些縫隙一般，藉此機會，開始了商業活動。前面提到的提洛王希蘭出力協助以色列王所羅門，也就是這個事件發生後不久的事。隨著大國力量式微，一些小國（貿易都市國家）便急速地發展她們的勢力。

雖然如此，東方及地中海世界並不是一直風平浪靜的。強大的亞述帝國控制了腓尼基各都市以北的地區，而且不斷地覬覦進出地中海的門戶。

在這裡我們要回憶一下腓尼基的貿易都市提洛的公主伊莉莎被其兄比格馬利歐追殺，逃到北非，在那裡建立新都市迦太基的故事。伊莉莎建立迦太基王國，傳說是在西元前八一四年，那個時期剛好是以提洛為首的腓尼基都市，如西頓、比布勒斯(Byblos)、貝利特（Beirut，即貝魯特）等都市受亞述帝國威脅的時代。

說到亞述帝國，她給人的印象是一個兇惡殘暴的軍事國家。盡做一些毫不留情的征伐。而且殘酷對待被征服的人民。但是，這些說辭似乎有點誇張。

亞述帝國征伐他國時，確實殘暴苛刻。但是，這些都是歷代國王為了顯耀自己的功績，誇大其詞刻在碑文上的，後人看了卻完全相信。《聖經・以賽亞書》中的描述，更加強這種印象。〈以賽亞書〉將亞述人視為「遠方來的敵人」，下面這一段就是該書中描寫她們從地平線彼端襲擊而來的光景：

看，他們將急趨前來。他們之中沒有疲倦的，沒有仆倒的；沒有打盹的，沒有睡覺的；他們的腰帶沒有鬆解，他們的鞋帶也沒有斷裂；他們箭矢銳利，他們弓拔弩張；他們的馬蹄好似火石，他們的車輪有如旋風；他們如母獅般怒吼；他們咆哮攫食，攜之而去，無人可以挽救。

……

雖然如此，亞述人並不全都是兇暴的士兵，歷代國王也不全都是無血無淚的好戰君王。只要不違逆亞述王的意旨，服從他的命令，就不會遭到殘酷的處置。亞述人所要的不是血腥，而是財物和貢品。

跋山涉水只為生意

事實上，初期的亞述帝國熱心於商業交易，可稱得上是個商業國家。當時交易熱絡，商人們不辭千里跋涉，到各地去做生意。古亞述帝國首都亞述魯，就是個不折不扣的商業都市。

東德有位研究古代東方歷史的學者H・克連格魯，根據在小亞細亞（土耳其）的吉爾特貝出土的無數的粘土板上之記錄，生動地描述了當時商人活躍的光景。

根據他的描述，在西元前十九至十八世紀的時候，在亞述魯已有商人進行「投資」了。亞述的商人廣泛地與各地進行交易，其中，最繁榮的聽說是與小亞細亞交易的卡內休（吉爾特貝）距亞述有一千公里遠。他這麼寫著：

> 兩地之間，道路艱鉅難行。這條路有的穿過取水困難的草原地帶，有些路段越過高山，冬季還會積雪，難以前進。因此，有些信件中寫著「我們為寒冷所困，商隊為飢餓所苦」。從托魯斯山脈（譯注：土耳其南部山脈）那頭的平原而來的商旅們，一定受過小亞細亞嚴酷的氣候考驗吧！另外，他們還要承受歹徒攻擊的恐怖，整個旅程可說是充滿驚險和挑戰。……

在這裡，驢子是主要的運輸工具。商隊離家到遙遠的目的地，可能要一段很長的歲月。但是，亞述的商人卻不為此所苦，不顧一切危險，長途跋涉至此。因為他們深信，到這裡必定可以賺大錢。毫無疑問地，龐大的利益是吸引他們的最大原因。（《古代東方商人的世界》）

從亞述魯到吉爾特貝。這條道路我也曾走過。當然是搭車去的。即使是搭車，也是一趟辛苦的旅程。途中還過了好幾夜。搭車尚且如此，真難想像當年的商人和揹著山一般高行李的驢子，是如何走過這一千公里的荒涼道路的。而亞述商人卻「為一定能到手的龐大利益所誘」，不斷地往來兩地之間。粘土板上的記載，已證明這一切。

商人「比天上的星星還多」

到底他們運什麼東西去呢？主要的商品是錫和紡織品。當時，亞述的紡織業頂盛，好像也從各地接到不少訂單。錫是亞述人從別的地方買進來，再轉賣出去，他們只是當個中間商而已。

關於此點，克連格魯說：「很明顯地，對美索不達米亞南部的商人來說，亞述魯是最理想的商品集散地，連巴比倫產的羊毛或紡織品都先集中到這個城市，再輸送到安那托利亞（譯注：土耳其境內）去。」另外，他也介紹了一位住在卡內休接貨的亞述商人的信件：

請再多織一些你所寄來的高級布料，並且寄給我。每一匹布，我會算你半個馬努（譯注：貨幣單位）。布料有一面必須用梳的。但別用鑲入的方式，而且必須織得密一點。每一匹布必須比上次你寄來的布料多用一個馬努的羊毛，但必須織得薄薄的。另外一面只要梳刷一下，如果毛太多，請按織庫塔奴布料的方法，用剪刀把它修剪掉。至於你寄來的阿帕爾內布料，以後別再寄像那種代用品來了。……

這不就像現代駐某地的商人所寫的信嗎？屬於閃族的亞述人，非常熱中於經商。《聖經》中也記載亞述尼內貝城的商人「比天上的星星還多」。

然而，亞述最後並沒有致力開發商業活動。他們為了獲取財富，並沒有慢吞吞地在交易或商業編排上花時間，而採取了直截了當的做法。也就是以軍事征服其他富有國家。大國埃及勢力衰微後，對黎凡特地區（地中海東岸一帶）鞭長莫及，亞述便立刻乘虛而入。在這裡，他們最想要的東西堆積如山，尤其是蓋皇宮和神殿的木材。

亞述王迪古拉托比雷歇恃其威力，在腓尼基各大城市襲捲各種財物。而腓尼基的城市之所以能殘存下來，是因為她們充份擁有朝貢的財物。這些腓尼基城市為了不得罪亞述人，便不斷地以財物進貢，以求苟延殘喘。保障她們安全的，不是武器，而是金錢財富。

財富就像花蜜

就這樣，腓尼基人漸漸專注於交易買賣。他們的目標不是充滿危險的內陸，而是地中海。從那個時候開始，腓尼基的貿易據點，一個接一個地出現在地中海沿岸各地。這些據點不光是當做從商的基地，若有災難發生，腓尼基人一定也把這些地方當成避難和轉移財產的腹地吧。因為亞述人對他們越來越苛求，他們無法預料下一步會遭到什麼不測風雲。

在腓尼基的各都市當中，最安全的要算是離亞述最遠的提洛。即使這樣，提洛還是將都市的重心移到離岸數百米的岩石島上，在那裡，設有存放商品——也就是他們的寶山——的倉庫，所以這裡就成為經濟活動的中樞了。他們更在這個經濟要塞的四周佈滿船隻，加強戒備。

但是，這個島還是無法倖免於難。克連格魯這麼寫着：

要說是腓尼基的財富引來征服者的野心也不為過。……自從亞述魯納瑞帕爾二世征服提洛、西頓、比布勒斯和阿拉多斯等地之後，亞述各朝國王便不斷地出征敘利亞沿岸各地。腓尼基各城市向他們進貢物品以求生存，他們則横奪這些商業利潤，由於他們並沒有做出破壞這些貢品來源的城市的蠢事，所以，腓尼基的海上貿易基礎，並沒有因為被「吸血」而受損。（同前

揭書）

西元前八一四年，提洛的公主伊莉莎（提德），從自己的城市逃到北非，建立了一個「新城」，其背景應該跟前面提過的，受到亞述的威脅有關。當時，提洛的在位者一定認為，與其在危險地區戰戰兢兢，寢食難安，不如到一個不受敵人侵略的安全地方從事貿易，以建立經濟強國。

如果真的是這樣的話，那麼，我們也可以說，創造經濟大國迦太基的，是北方的軍事強國亞述帝國。

事實上，直到那時候，黎凡特一帶港口城市都還是在亞述的占領下。在提德登陸迦太基約一百年後，亞述王賢納格利普一改以往溫和的「分贓政策」，開始征討提洛。提洛王魯利堅守要塞島嶼達五年之久。但，亞述王脅迫其他的腓尼基城市提供六十艘船，封鎖提洛，猛攻不斷。提洛終於不敵投降，後由亞述總督管理。

成也財富，敗也財富

然而，提洛並沒有因此而滅亡。她雖然受亞述嚴格統治，仍然進行交易活動。繼賢納格利普王之後，亞述由耶薩魯哈頓王統治。這位亞述國王對腓尼基各城市，也是用嚴厲苛刻的統治方式，絕對不准許這些城市有任何不軌的舉動。

腓尼基人在這種高壓統治下，已經學會如何明哲保身了。他們有時企圖反抗，有時則偽裝順從，有時則更積極地拍亞述王的馬屁。而施行這些伎倆的唯一武器就是財物。

然而，這些伎倆，到頭來只是個惡性循環罷了。因為財富就像花蜜，只會招來更多的採蜜者。亞述帝國滅亡後，由巴比倫王國取代，提洛的命運，卻絲毫沒有改變。提洛在巴比倫王內布加德內則爾發動攻擊之前，又再次屈服。但，這是後來的事了。

另外，移居到北非，也就是現在的突尼西亞的腓尼基人，慢慢地建立了迦太基，穩固了他們的經濟基礎。迦太基深得地利之便，因此，得以免去像母都市提洛的厄運災害。也因此他們的經商才能得以充份發揮。

但是，再怎麼安全，經濟上的財富還是會招致危險的。腓尼基和迦太基之所以會有這麼悲慘的歷史，就是她們的財富造成的。因為，以武力建國，必滅於武力，興於財富，必亡於財富。

這麼說來，到底，她們應該怎麼辦才好呢？

第四章　第一個競爭者

在希臘人的眼中，迦太基人就像「搬運柴火燒洗澡水，卻弄得灰頭土臉的驢子」，但是驢子只是老老實實地搬運柴火罷了，迦太基人卻侵犯到他們的利益。

不管在什麼時代，從商並不是一件輕鬆的行業。哪一行賺錢，大家就會一窩蜂地殺到那一行。但，畢竟天下沒有不勞而獲的事，各生產部門，即使光是流通部門，所得到的利潤都得平均分配。當然，這些都要以自由競爭為前提。

只知賺錢，沒有娛樂的工蜂

在這種自由競爭裡，如果有強權介入，實行經濟以外的統治時，只要誰能與這些有權勢的人掛鈎，誰就能輕而易舉地得到利潤。可是這種方法卻很難用於貿易競爭上。畢竟，做生意就是一場實力戰，也可說是經濟戰爭。所以，如何超越自己的競爭對手（競爭國），便是決定自己國家命運的重要關鍵。

屬於閃族的希伯來人、阿拉伯人、迦南人的生意才能，我在前一章已經敘述過了。他們之中，腓尼基人和迦太基人尤其出類拔萃。他們做生意的才能可說是與生俱來的。他們經常為了賺錢，不惜赴湯蹈火，遠赴天涯海角，如果要以現代的說法來形容他們的話，腓尼基人和迦太基人可說是不折不扣的「工蜂」。

也許有人會奇怪，為什麼我會知道他們的個性。與他們同一時期的希臘人或羅馬人的「證言」，可以證明我的說法。

這些證言，也許有人會認為它可能是一種誹謗，但有一個事實可以證明它不是。那就是，在迦太基的城市裡根本看不到像希臘或羅馬遺跡裡的劇場或競技場的娛樂設施。

這意味著什麼呢？答案很簡單，因為他們沒有休閒娛樂，所以也不需要興建這類的娛樂設施。其他的民族，尤其是希臘人和羅馬人之所以會用異樣的眼光看迦太基人，就是因為他們這種生活理念——不分晝夜，埋頭苦幹，一點也不享受人生的個性。

如果是因為生活貧困，不得不埋頭苦幹，尚可理解，因為窮人沒時間休閒娛樂。可是，富有而且擁有龐大貿易黑字的迦太基人，卻一點也不享受優裕的生活，只是一味地把更多的金錢和時間，花在增加更多的財富上。到底，他們為什麼要花這麼多精力在商業上呢？這個疑問對希臘人和羅馬人來說，是最大的謎題。

我在前面介紹過一位叫做普魯塔爾格斯的希臘人，批評迦太基人個性陰險，苛刻，沒幽默感，不懂得享受人生。這些評語也是當時大家對他們的共同看法。除此之外，他們也非常奸詐狡猾。比普魯塔爾格斯早二世紀的羅馬喜劇作家普拉托斯(Plautus)的作品中，有一喜劇名為「迦太基人」，就是在諷刺迦太基人。

他這麼寫著：

那個老人／精通各國語言／明明會講／卻裝做不會說／這就是典型的／迦太基人。迦太基人實在／太像魔術師了。因為只要他腦中想什麼／就能達到目的……。

灰頭土臉的驢子

像這種評語，可說是對自己無法理解的人，抱著反感而產生的。再加上對方如果侵蝕自己的利益，威脅到自己的話，這種反感就更大了。對希臘人和羅馬人來說，迦太基人是一個不知何時會超越自己的可怕敵手。而且這個迦太基民族，在人生觀和價值觀上，竟然跟他們完全相反。

希臘人當中當然也有拜金主義者。普魯塔爾格斯經常譏諷這些大富翁的吝嗇。他說這些太執著於金錢的人，經常與「滿足」背道而馳，過著違反常道的生活。

譬如說：好酒的人一定花錢在酒上，美食家也會到處尋求山珍海味；奇妙的是，有錢人卻成為守財奴，一毛不拔。這就像，有衣服卻忍著寒冷而不穿；飢腸轆轆卻不吃眼前的麵包一樣，簡直愚蠢到極點。

要賺錢，就得吃苦耐勞。然而有本書上寫著：

> 赴湯蹈火，辛苦賺來的錢，卻一毛也捨不得花，這不就像驢子為了搬運燒洗澡水的柴火，攪得灰頭土臉，到頭來也沒得洗澡一樣嗎？（《普魯達庫談「倫理論集」》）

當時，大家對迦太基人的印象和評語可能就是這樣。有一位研究這方面的專家認為，普魯塔爾格斯批評迦太基人是個嚴肅的民族，不懂得享受人生，可能非常正確。他說：

> 對希臘人來說，迦太基人的城市可說是個無聊透頂的地方。沒有劇場，也沒有競技場。要說有什麼活動的話，也只是一些宗教性的活動而已，根本談不上娛樂。也只有在這種拜拜的時候，才顯得比較熱鬧一點。在這種商業社會裡，藝術對他們來說，是個毫無用處的東西，當然，更不可能盛行受重視了。（查理・皮卡德〔Charles Picard〕《迦太基的日常生活》）

小心希臘人握手時偷你的手指

迦太基最後是與羅馬對決，但在地中海貿易中，最初的競爭對手是希臘。

由於希臘人所定居的希臘半島，是個不毛之地，根本沒有空間再容納不斷南下的同族人，更別說有什麼經濟發展了。因此，他們必需向海上尋求出路，向愛琴海的島嶼和小亞細亞地區擴大殖民。所以，從義大利半島到地中海沿岸各地都被列入希臘的經濟圈裡。因此，他們在地中海會與基地設在對岸的迦太基形成對峙的局面，也是預料得到的。

說到商業才能，希臘人也不輸給迦太基人。我在前面提過，在那個時代，所謂的商業才能，以現代人的眼光來看，就是一種互相欺騙的技能。日本有句「雁過拔毛」（譯者注：指狡猾之人，善於欺騙）的諺語，可以形容他們，在當時，人們也常說：「跟希臘人握過手後，得數數手指頭，看是否十隻俱在。」來形容希臘人當時在商場上活躍的情形。

最能代表他們這種個性的人，就是希臘神話中的赫姆斯(Hermes)。

赫姆斯是奧林匹亞十二神之一。他身負重任，是商業和財富之神。但同時，他也被公認為偷盜和賭博之神。他到處對眾神招搖撞騙。赫姆斯是宙斯的么子，出生之後就迅速成長，所做的第一件搗蛋事件就是偷阿波羅的牛。為了不留下牛的足跡，他用樹皮做成鞋子，穿在牛脚上，所以阿波羅也無從尋找，只好懸賞找牛。

好不容易找到犯人，赫姆斯卻立刻與阿波羅「交易」起來。他拿出用那頭牛的腸子和龜甲做成的豎琴跟他交換，最後，不只是牛，連阿波羅的黃金手杖都被他拿走了。

赫姆斯更背著父親宙斯拿走綁著代表「宙斯使者」白緞帶的手杖，以及能疾駛如風的涼鞋。宙斯看這個老么「頭腦靈光」，便叫他負責簽訂協議，推動商業，保障旅人能自由環遊世界的權利。

赫姆斯在字母、天文、度量衡以及橄欖樹栽培技術上，都創下功績。這些發明都是商業上不可或缺的知識：天文學是航海必備知識，度量衡和字母在商業交易上占有重要地位。發明字母的是腓尼基人，而完成它的卻是希臘人。

赫姆斯的羅馬名叫默克萊(Murcury)。他是個集商業、技術、雄辯、盜賊於一身的守護神。而雄辯更是商場上不可缺的才幹。

以賺錢為目的的價值觀

在商業上，迦太基或希臘，羅馬，可說都站在同一個擂台上的。但是，為什麼只有迦太基人受人非議呢？只有一個理由：在生活態度上，迦太基人的價值觀跟希臘人、羅馬人有很大的差異。就像普魯塔爾格斯所批評的，他們根本不懂得享受人生。也就是說，迦太基人根本沒意識到工作的目的，以及富裕又是為了什麼？

就像警察在辦案，最棘手的是找不到犯人的犯罪動機。要是能知道動機，就能尋線找到證據，找不出動機，就無從判斷是哪一類的罪犯了。

對希臘人和羅馬人來說，人生是以享樂為目的的。付出精力，努力從商而得到的財富，就是要用在享受人生上面。在他們眼中，迦太基人就像「搬運柴火燒洗澡水，卻弄得灰頭土臉的驢子」，但是，驢子只是老老實實地搬柴火罷了，迦太基人卻侵犯到他們的利益。因此，他們會將敵意集中到這個找不到犯罪證據的犯人——迦太基人身上，也是理所當然的了。

話說回來，希臘人當中，並不是沒有人能冷靜觀察迦太基的社會動態，給予好的評語的。哲學家亞里斯多德就是其中的代表。他不斷賞識迦太基的國家制度，他甚至稱讚迦太基人的制度當中，有很多是幾近完美的。

希臘人稱迦太基人為「迦太克頓」。「迦太基」是羅馬式的稱呼。亞里斯多德曾經這麼描述過他們：

> 迦太克頓人的國家制度完美，舉國上下都受制度的保護，不但沒發生動亂，更沒有人想要推翻政府。

一個國家在訂定制度時，以財富為標準的稱為寡頭制，以道德為標準的稱為貴族制，而迦太克頓人所採取的，應該是另外一種形式。也就是這兩種形式的綜合體。尤其是選國王或將軍時，更以這兩項為標準。《政治學》

亞里斯多德繼承其師柏拉圖的思想，認為所謂理想的國家，應該是一個能充份發揮人性的社會組織。

而所謂人性，是一種在道德規範下，追求正確行為，注重倫理的存在。抱著這種理念的人，才能組成理想國。因此，一個國家的制度組織是否能培養出「善人」，便關係著國家的前途。所以，亞里斯多德提倡，在選擇領導者的時候，應該採用以「道德為標準」的「貴族制」。

政治不能影響做生意

話雖如此，財富對領導者來說，也是必要的。無錢無暇，如何治國？再怎麼優秀的人，沒有錢，就只會被利益沖昏頭，沒有閒暇，就沒有充份的時間思考政治的事了。

可是，如果大家都認為金錢萬能，就會造成「財富凌駕道德，舉國上下皆為守財奴」的情形。

亞里斯多德之所以賞識迦太克頓（迦太基）的政治制度，就是因為他們以財富和道德為選擇君王的標準。

具體來說，他們的行政組織綜合了君王制、貴族制和民主制。迦太基只有在初期採君王制，而亞里斯多德所謂的「君王」，指的是史費特司（行政、司法長官）。此長官為二人制，任期一年。由於他們的權力跟國王差不多，所以限制兩人一年任期，可說是為了防止獨裁和腐敗的政權。

他們之下設元老院，為終身職，由三百人組成。有一定資產的人才有資格擔當。他們的任務是給上級的行政和司法長官進言，決定國家的基本國策。除元老院之外，也有類似審議委員會的組織，但詳情不得而知。

元老院是一個監督機構，由他們選出「百人會」。這些被選出來的一百個人（有時為一百零四人），主要的任務是監督將軍。從這點又可看出迦太基人的智慧。將軍握有軍權，隨時會造成軍人獨裁，他們制訂這種文官制度，以為抗衡。事實上，迦太基在那之前，軍閥勢力過大，好幾次差點發生軍人奪權的事件。有鑑於此，他們在西元前五世紀，制訂了這種「百人會」，履行監督的任務。

另外，跟「百人會」平行的有「民會」，由一般市民組成，不問財產或家世背景，中產階級占大多數。主要的任務是在和元老院之間發生對立情形時，負責調解的工作。

從這些政治、行政組織來看，迦太基人的行政體系，可說是非常優秀的。但也有人認為，這種制度太折衷主義了。事實上，迦太基人的個性本來就是折衷型的。而這種折衷主義之所以會產生，是由於他們經濟第一主義而來的。

對一個商業國家來說，安定是最重要的。不當的權力干政或獨裁都不受歡迎。他們政治的目標是提供一個能安心從事商業買賣的環境，所有的行政機構都為達到這個目標而運作。只要是與政治有關的迦太基人，都持保守的態度，容易安於現狀。極端地說，只要不影響他們做生意，政治怎麼樣都沒關係。迦太基雖然擁有強大的軍事力量——尤其是海軍，卻沒有因此而強化軍人的地位。主要是因為一般人民都抱商業主義，反對軍人干政。

希臘：人為萬物的尺度

迦太基人如此，他們的競爭對手希臘人的生活又如何呢？在個性上，希臘人和迦太基人可說是對比的。我前面提過，希臘人在做生意賺錢方面，絕對不輸給迦太基人，但是，他們賺錢卻有一個很明顯的目標，就是要活得像個人，而且要過富裕的生活。

問題是，怎麼樣才叫活得像個人？這個人生觀因各民族或因個人而不同。希臘這個民族經常思考如何才能生活得像個人，所以哲學思想才會在希臘開花結果。

西元前五世紀，在雅典以辯才聞名的哲學家普羅塔哥拉斯(Protagras)曾經說過「人類為萬物的尺度」，這句至理名言，也可說是希臘人的基本思考理念。人類雖然都按照各自的判斷而生存，然而，人類不存在，一切將失去意義。這種以人類為萬物尺度的主張，是最早的人本主義。它主張，要探討生存的意義，得從人類開始。

他們認為，有正確的人生觀，才叫人。有些人追求美好的人生，有些人注重健康，有人注重思考能力或創造性，或是注重信仰，每個人的生活理念都不盡相同。希臘人認為，追求這些生存理念，才是人類生存的意義。事實上，這些理念正引導著希臘人的生活方式。也只有實現這些理念，才能帶給他們和諧的感覺。

我們可以說，世界上沒有其他的民族像希臘人那麼注重和諧了。即使是平凡的一天，也非常注重保持和諧的氣氛。澳洲有一位古典學者塔卡專門研究古希臘雅典市民生活情形，他如此描述雅典人一天的生活：

雅典人不分貧富，都非常早起。他們梳洗完畢，吃一點浸了葡萄酒的麵包後，就開始工作。大約在早上十點之前，就做了半天的工作量。早上十點到中午這段時間，是市場最熱鬧的時候，所以十點是「上市場的時間」。市民利用這個時候購買一天所需的食物和雜糧。

買完東西後，一直到中午這段時間，他們便和朋友大談人生道理或政治。高談闊論的地方大都在理髮廳、藥房、或是醫院的候診室。這些場所都是社交活動的地方。馬具店、香料店、鞋店等地區也是一樣。

希臘人健談，所以店老闆也歡迎很多人聚在店裡高談闊論，他也會加入這個陣容。

一到中午，市場收拾乾淨之後，就成為辦公室。人們回家吃過午餐後，利用下午短短的時間，繼續做完當天的工作。剩下的完全是休閒的時間了。他們到體育館運動、流汗。運動項目各色各樣，有賽跑、擲標槍、擲鐵餅、角力、跳高……。運動後，沖個澡，除去一身疲倦，接下來又是大談哲學家理論的時間了。

每天的活動時間表會因階級、年齡、性別而有不同，但大致說來，上面所列的是一般男性市民一天的生活「時間表」。

我們從這裡可以看出希臘人即使在平常的日子裡，還是很注重「和諧」的生活。工作和休閒分別安排在上午和下午。下午的休閒又分為鍛鍊身體的部份和精神陶冶的部份。他們就是這樣，經常保持工作和遊戲、肉體和精神的平衡。

在這裡要順便一提的是，「閒暇」一詞，在希臘話中叫做(Scholar)，它的意思絕對不是「殘餘的時間」，而是指最重要、而且是生活重心所在的時間。於是這個(Scholar)後來變成英文的(School)，因為學校是培養完整人格的地方。我們可用亞里斯多德的一句話來含括希臘人的生活理念——那就是，我們為閒暇(Scholar)而工作。

希臘有各種哲學理論，但綜合起來，他們的思考基礎在於有個堅固的理念，他們認為心靈高於物質，精神價值是金錢買不到的，也是無法測量的。希臘人認為，為了得到高貴的精神價值，經濟、政治、教育等活動，都是達成這個目的的手段。

換句話說，在希臘人心中，目的和手段的觀念非常清楚，而且經常保持和諧的狀態。

萬物之靈VS經濟動物

我在前面提過，希臘人從西元前八世紀左右，就開始殖民。他們在愛琴海各島和小亞細亞的愛奧尼亞(Ionia，譯注：小亞細亞西岸中部)地區到黑海沿岸，以及義大利半島南端至歐洲地中海沿岸，相繼建立了希臘的殖民城市。也因此才跟迦太基發生經濟摩擦。而這兩個民族在建立殖民城市的態度上，有很明顯的差異。

與其說迦太基人建立殖民城市，倒不如說他們只是想要設立經濟、交易的基地罷了。他們在各地占領的港口，只當作商業交易用。對迦太基人來說，重要的是能運送商品的良港、倉庫，或是當地的資源。

相反的，希臘人所追求的卻是一個充滿人性的城市。雖然一個城市的發展，一定要有經濟活動，但是，希臘人認為，除了把它當作經濟基地外，也是移植希臘文化的城市。位在德弗依（譯注：Delphoi，位於帕爾納索斯山麓）的阿波羅(Apollo)神殿，可說是這些殖民活動的本部。人們在殖民之前，都先到這個神殿祈求指示，並銘刻於心，才展開他們各地的殖民活動。

由此看來，希臘的殖民都市一定經常與德弗依連結在一起。換句話說，希臘人無論走到哪裡，從來沒有忘記過希臘精神。在德弗依的阿波羅神殿裡，刻有一句格言：「了解你自己」他們就是謹守著這句格言，到各地殖民，然後再回到希臘。這句格言也促使他們經常自我反省。也使得他們在地中海穿梭往來的時候，除了物質上的財富之外，也滿載精神上的財富。

舉個例子來說，他們在殖民城市愛奧尼亞，除了建立經濟的財富外，不知也蘊育了多少精神上的成果，我們只要舉出最早的詩人荷馬(Homer)，最早的哲學家泰利斯(Thales)和赫拉克利圖(Heraclitus)等幾位名人，就足以回答這個問題。

反觀迦太基人，他們每天就知道做生意。他們把所有的精力全部消耗在追求物質財富上。所以，在迦太基人的「經濟基地」裡，根本沒有蘊育出精神上的財富。理由很簡單，因為他們壓根兒沒想過要追求所謂的「閒暇」。他們從來沒想過身為人類，有何意義，什麼才是人生的真諦，也沒反省過為什麼要工作。終其一生，他們只是個不折不扣的經濟動物罷了。

仔細想想戰後的日本，我們會發現，在不知不覺當中，她似乎在重蹈著二千多年以前活躍在地中海的希臘和迦太基兩民族的軌跡。

打從一九四五年開始，日本就致力於建立一個民主主義的社會，而有了民主主義的觀念。這個民主主義，可說是來自雅典的廣場。本來，英文的Democracy是來自於希臘文的Democratia，Demos在希臘文中是「民眾」之意，Cratos意指「力量」，由民眾力量支配的政治，希臘人稱為Democratia。

這麼看來，日本人戰後，可說是拿古代希臘為範本，來重建日本的。

四十多年來，我們身邊充滿了希臘文。Chorus（合唱）、Orchestra（樂隊）、Stadium（體育場）、Music（音樂）、Energy（能源）、Technology（技術）、Policeman（警察）、Eros（愛神）、Marathon（馬拉松）等等詞彙，都是從希臘文來的。奧林匹克(Olinpic)一詞不也是如此嗎?在現代的生活中，被視為文化，文明的東西，幾乎都是發源於古希臘。所以戰後日本要建立的「文化國家」，也可說就是走向希臘式的文化道路。

但是，在這個同時，日本卻又像迦太基一樣，開始專注於經濟活動。這一列走向希臘式的文化列車，在不知不覺中，被塗上了迦太基的色彩。現在我們就是夾在希臘和迦太基的縫隙當中，不知如何取捨是好？

熱中於商業買賣，絕不是一件壞事。勤勞工作，也該受讚揚。因為，任何一國的人民，如果缺少這兩樣，是絕對無法繁榮起來的。日本在戰後短短的三、四十年當中，成為世界上首屈一指的富國，可說是靠她自己努力勤奮得來的。但是，我們為什麼老是感到缺少什麼似的呢？

答案很明顯，因為我們在追求財富的同時，忽略了精神價值的重要性。我們忘了希臘人對人生價值的反省，我們不再追求人道生存的真諦，對和諧的感覺也麻木不仁了。只是一味地走向迦太基的後路罷了。

迦太基的命運又如何呢？

我們確實有必要設身處地，詳細研究一下迦太基的歷史。

第五章　戰爭的舞台

希臘與迦太基以西西里島為舞台，開始了一百多年的激烈鬥爭，結果是雙雙「掛彩」，平分秋色，造成東部是希臘、西部是迦太基的對峙局面。

「事件」是由地中海中部的西西里島開始的。所謂「事件」，也可說是一齣戲劇——不，應該說是一齣悲劇。但是，決定歷史走向的劇本，在最早的時候，可能是由一場小小的戲劇揭開序幕的，同樣的，西西里島發生的「事件」也是由一場小小的競爭開始的。

西西里島：悲劇揭幕的舞台

當時，腓尼基人在北非一角，也就是現在的突尼西亞，剛剛建立「新城」沒多久。這個被稱為「迦太基」的都市，憑著她旺盛的經濟能力，很早就在地中海各地擁有重要的交易基地。其中最受重視的，就是西西里島。

讓我們重新翻開地中海全圖吧！在這個海域裡，有無數的島嶼。大島首推西西里島，西北方有薩丁尼亞島。在地理位置上，西西里島可說是占盡地利之便。北非的邦角在她的南方，而義大利半島就像支長靴般地，由歐洲伸展過來。這兩者都是西西里島的屏障，使她取得地中海的霸權地位。

所以，這裡便成為決定命運的舞台了。如果我們仔細端詳這裡的地圖，任誰都能預測她的命運走向。在這個島嶼西側靠北非的地方是迦太基的基地。義大利長靴鞋尖的東邊是希臘，而這個島是羅馬的基地所在，由這三點看來，就可知其地位之重要了。

實際上，歷史也是照這個地理位置而發展的。羅馬是到後來才登場的。在希臘人進出西西里島東部之前，迦太基人早已把該島西部視為重要的經濟基地了。因此這兩大民族會在這裡發生激烈衝突，也是可想而知的了。而鷸蚌相爭的結果，引來了羅馬這個漁翁。

希臘人進出西西里島，是在西元前七世紀的時候。從地圖上我們可以注意到，希臘半島非常狹窄，如果將義大利半島喻為長靴，那麼，她就像一隻短靴，再加上土地貧瘠，顯然無法供養龐大的人口。所以，精力充沛的希臘人會往海上發展，也是理所當然的了。

我在前面也提過，希臘人是迦太基人的對手，做生意也不輸給他們。會做生意，就會存錢，生活優裕，人口便會大增。然而，狹窄的希臘，畢竟無法容納日益增加的人口。於是，他們便展開殖民活動。地中海東邊，也就是中東地區，有強大的亞述帝國擋道，不容易找到殖民地，只好向南發展。她首先進出義大利半島南部，再來是與半島相鄰的西西里島。當時已經在西西里島西邊建立經濟據點的迦太基人，早已不悅地靜觀希臘人在東邊的殖民活動了。

亦敵亦友的殖民地都市

希臘人的活動非常迅速，他們的基地設在島東南端的希拉古沙(Siracusa)港。而迦太基的橋頭堡則是位在島西邊，叫做墨地亞的小島。

希臘陸續地在基拉(Gela)、阿格拉卡斯（阿格里更托）、歇利努斯（歇利嫩特）等地建立殖民地，慢慢地擴充她的勢力。當時，希臘早已在北邊擁有殖民地希梅拉，因此，她便把勢力向西推進到希梅拉和歇利努斯連結線的地方。最後，她的觸角已向西伸展到墨地亞島附近的里里巴烏姆（馬薩拉）了。（譯注：此處地理關係請參照本書前迦太基附近圖）。

迦太基眼看希臘逐步向西迫進，再也無法忍受，便出兵壓制里里巴烏姆，之後，雙方的對立局面趨向白熱化。最後，為了爭奪希梅拉，雙方展開了大規模的「希梅拉之戰」（西元前四八〇年）。在這次戰役中，迦太基大敗，不得不放棄削減希臘勢力的念頭。

在這裡，我們不能就此認定西西里島的希臘殖民城市都具有希臘同胞意識，而壓迫迦太基。

實際上，這些殖民地之間，利害關係不同，幾乎是相互仇視的。希梅拉雖是希臘的殖民地，但是，由於她畏懼希拉古沙僭主格隆的野心，而向迦太基尋求軍事援助；南方的殖民地歇利努斯則一方面與迦太基保持良好關係，一方面又與迦太基的基地墨地亞採敵對的態度。所以，當時殖民地之間的關係，可說是錯綜複雜的。

換句話說，當時，不管是希臘或是迦太基的殖民地，都跟近代的殖民地大不相同。當時，每個殖民地可說就是一個獨立的都市國家。希臘在西西里島的殖民地，都各自與迦太基人保持通商關係。有時，為了與其他殖民地相抗衡，甚至向迦太基尋求軍事援助。

這種關係，導致西西里島整個歷史變得錯綜複雜。雖然我們可以說，就是因為這些複雜的利害關係，才招致強國羅馬的介入，但是從整個大局來看，希臘與迦太基之爭，才是招來羅馬的主要原因。讓我們把那以後的紛爭擺在一旁，先來探訪迦太基在西西里島的據點墨地亞。

行走在海上的馬車

有張相片景象非常奇妙。一輛馬車從海岸駛向海中的小島。海面離岸有一段距離，馬車可以通過，表示海水並不深。可是再怎麼淺的水，車輪也會陷在海底的沙裡呀？到底，海水下面有什麼乾坤呢？

我們只要看那張照片的說明，就可以知道答案了。原來，有人在淺灘下面，築了一道長兩公里的石頭路。從水面下，可以看出，它是一道完美的石堤，馬車就行駛在它上面。

到底是誰蓋了這條「海底道路」呢？答案是迦太基人。他們在西西里島西邊如豆般的小島墨地亞建立經濟基地，想以它為踏腳石，以便進出西西里島。

墨地亞只是一個圓周三公里，兩端相距不過數百公尺的小島。但是，小島的西邊，有一個細長小島，游泳就可到達，叫做隆加島，像個半島般地把墨地亞跟外海隔開，所以該島就像在港灣裡頭一樣了。

一般認為迦太基人是在西元前八世紀，在墨地亞建立基地的。正確的時間，則無法考證。他們在此建造碼頭、船塢、倉庫等等，整個島就像個要塞似的，他們並且在該島與西西里島之間，造了一道長堤。當初，這道像座長橋的石堤，並不是在海面下，據說是高於海面約一公尺左右，並且是剛好足夠兩輛馬車會車的寬度。可能是因為這段石堤，地處內海，風浪不大，只需要那麼高就可以了吧！

後來，這段長堤因為戰爭而遭破壞，再加上歲月的摧殘，現在已經沉到水面下。但在幾年前即使它在水面以下，人們在運送墨地亞栽培的葡萄到對岸一個叫做比吉的海邊時，仍然利用這段石堤。我看到的照片，就是當時運送葡萄的馬車，行經「海底道路」時的景象。

我探訪這個小島是在那幾年後某年的三月中旬。我落脚在西西里島西岸叫做馬薩拉(里里巴烏姆)的地方。第二天，便到比吉海邊去了。初春的海風特別強勁，吹皺了內海平靜的海面。周圍是一片白皚皚的鹽田。在鹽田盡頭有個碼頭，停著兩艘古式蒸氣渡船，隨波搖曳。這個不定期來往於墨地亞的渡輪，只須幾分鐘就可到達該島。

我立刻開始尋找照片中的「海底道路」，最後才知道這條道路的另外一頭是離這個碼頭約有一公里遠的海邊。

後來我決定先搭船到眼前的墨地亞去看看。到那兒之後，令人驚訝的是，她小得就像一個沙洲一樣，在這個「沙洲」的中央，有一座三層的石造城堡。據說是個博物館。在城堡四周散放著一些出土的石彫、樑柱的片段等等遺跡。據說這個博物館以前是一位在此發掘迦太基遺跡的希臘人約瑟夫·維達卡的住家。博物館庭院裡聳立著他的半身像。

我隨著導遊環島一周，沿著葡萄園中的小路走去，南邊有個叫科頓的方形港口。這個港口小得會令人以為它是個小池子，寬四十公尺，長五十公尺，可說只是一個藏船的地方。墨地亞島本身藏在內海已經夠像「隱密之家」了，迦太基人卻認為它還不夠隱密，非得再找個更隱密的內港才安心。我對於他們用心之深感到欽佩。

照這麼看來，我們在突尼斯所看到的迦太基的軍港、商港也是基於這種考慮而設置的。被稱為「地中海女王」，獨掌當時海上貿易大權，擁有強大軍船、握有制海權的迦太基，最早的根據地只是這樣的一個小港嗎？的確令人難以置信。而這裡竟然還有一個港口就像是這個小港的縮小模型一樣。

由於保存良好，所以我們可以很清楚地看出它的架構。港深不過三公尺，港底鋪了平板石，船則利用狹窄的運河進出港口。

由復原圖來看，這個人工小港的四周，由類似城堡的厚牆圍住。運河則由厚牆下面通過，現在仍然留著厚牆和狹窄的通道遺跡。看到這個港口的構造，便可了解迦太基的警戒心以及他們的個性了。

運河那麼狹窄，當然無法行走大船。根據研究員的調查，長度超過十公尺的船是無法通過通道門的。以運河的寬度來看，最大也只能容納五、六公尺的船而已。從這些跡象以及碼頭的規模來看，可以證明他們所用的全是小型漁船。迦太基以前竟然用那麼小的船來搬運商品，的確是令人難以理解。

還有一點令人不可思議的是，這個小島雖然是他們的門戶，可是它跟本島之間的交通卻非常不便。他們雖然蓋有堤道到對岸的比吉，但卻沒有想要在本島建立更大的殖民地。由此可知，迦太基人只關心商業，所以只要商業基地能保住就可以了。這點跟希臘人就完全不一樣了。

爭奪西西里島的百年戰爭

希臘人在這段期間，從島的東部不斷地增加殖民都市。譬如希梅拉、那克索斯、希拉古沙、基拉、莫加拉、阿格拉卡斯、歇利努斯等等。而且，希臘人一旦在一個殖民地都市落腳。除了做生意之外也蓋神殿、劇場、競技場等設施，將希臘文化牢牢地植根在那裡。

迦太基人也不示弱，在島的西部占據了幾個都市當地盤，但是這些城市大都是原來住民所蓋的，迦太基人只是把這些城市據為己有，並未加以建設。其中艾格史塔（歇吉史塔）就是個好例子。艾格史塔在島的西北方，根據突吉迪迪斯的研究，它是艾琉摩斯人所建造的。據說他們是在托洛亞快要淪陷於希臘軍隊時，乘小船到西西里島避難的托洛亞人。根據突吉迪迪斯（《戰史》卷六）的研究記載，以前還有塞浦路斯人，以及從伊比利半島渡海而來的希加諾斯人，或從義大利移民過來的西克羅斯人（從這時候起，這個島才由西克里，改名為西西里島）雜居這個島上。

雖然我們不太清楚這些先住民跟迦太基人在歷史上有什麼樣的關係。但也許他們與腓尼基人（迦太基人）有血脈相通的關係。所以迦太基人沒有為了在此設殖民地而把這些人趕走，反而與這些人保持親善關係，進行商業買賣。因此，艾格史塔便成為迦太基人的友好都市，馬上與位在島南端的希臘城市歇利努斯展開激烈的競爭。

在這場爭戰當中，歐利努斯向希拉古沙求助，而艾格史塔則向雅典求援。在跟希臘殖民對手的紛爭當中，他們會向雅典求援，的確令人感到奇妙異常。可能是因為希臘位在城邦（Polis）的中間地帶，而且殖民的人老是互相對立，不斷製造紛爭的緣故，所以雅典就答應艾格史塔的求援，開始遠征西西里島。結果這趟征伐徹底的失敗。突吉迪迪斯甚至記載說：「從來沒有一個敗者落到這樣悲慘的下場。」（同前揭書）

於是艾格史塔便轉而向迦太基求援，從此，希臘與迦太基以西西里島為舞台，開始了一百多年的激烈鬥爭。結果是雙雙「掛彩」，平分秋色，造成東部是希臘、西部是迦太基的對峙局面。

只要財富到手，管他如何統治

雖然雙方形成對峙局面，可是令人不可思議的是，迦太基除了墨地亞島之外，竟然沒有在西西里島留下任何痕跡；而在希臘的殖民都市中，不管是希拉古沙或是阿格拉卡斯、歐利努斯，都留下完美的希臘文化。

迦太基接受艾格史塔的求援之後，從本國派遣強大的兵力，由漢尼拔（跟後來在布匿克戰爭活躍的漢尼拔不是同一人）擔任總司令，首先攻擊並且徹底地掠奪了歐利努斯之後，迦太基軍隊更北上進攻希梅拉，把她蹂躪得滿目瘡夷。這種攻擊方式正是迦太基式的做法。

也就是說，把征服來的城市占為己有，對迦太基人來說毫無意義，因為他們厭煩占領之後的瑣碎雜事。迦太基人的目的只是財富，城市只是得到財富的基地罷了。說到領土，整個海域都是她的領域，他們認為擁有大片土地、將精力消耗在統治上面，是愚蠢中的愚蠢。

所以他們認為在西西里島西方的墨地亞島設個基地就夠了，從來也沒想過將這個基地擴展到對岸島上。對他們來說，只要有個能進出船隻的港口、能修理船隻的船塢、能夠堆放商品的倉庫就夠了。他們想要的是點，而不是面。迦太基人航行世界那麼廣泛，卻沒留下任何遺跡，就是因為他們是不折不扣的海民，而不是陸民。

對「怪魚」來說，牠要的只是能夠進行交易，補給水糧，修理船隻的船塢罷了。

雖然如此，小船塢必須保證絕對安全。因為這裡是他們存放重要貨物——也可說是藏寶——的地方，也是蒐集貴重情報，監視商業敵手的地點。因此，迦太基人必須慎重選擇絕對安全的港口。他們最早發現，且當做根據地的「迦太基」，就是符合這些地形條件的典型例子。

什麼樣的地形條件呢？我們只要看看現在突尼斯的地圖便能了解。在她的東邊，突出的邦角單手環抱突尼斯灣，在這個臂彎裡，又有個像錨一樣的小海角，而迦太基的港口就設在這個小海角的東側，今日仍然可以辨認出港口位置。它雖然隱密，但船隻卻可以自由地出入。

我走訪迦太基舊跡，發現以前跟希臘相爭、與羅馬帝國征戰過的迦太基本土，竟然這麼狹小時，感到驚訝不已。當然，迦太基是這塊土地的支配者，但從沒想要將它納入領土的一部份，只是利用它經濟上的價值罷了。

一個商業國家對一個地方做軍事上的征服和政治的統治，遠不如經濟上的利用來得合理、安全、而且顯得聰明。對迦太基人來說，只要財富到手，何必犧牲勞力花那麼多心思在統治上面呢？我們只要看看以往迦太基經濟基地的港口風貌，就可以了解他們所謂的「智慧」了。

飽受鐵蹄踐踏的寶島

讓我們再回到墨地亞島吧！首先我們會注意到舊城牆的遺跡，到今天還可以看出當時的輪廓。城牆不厚，環島一圈全長二・四公里，而且每隔二十公尺就設一個監視塔，全島就像個軍事要塞。一般認為此城蓋於西元前六世紀中葉，是為了要對抗希臘而建的警備設施。城裡可見到不少豪華建築，我們可以從它留下來的美麗的馬賽克——可能當時是用來點綴庭園的——遺跡中便可知一二了。當時住在這裡的人最多不超過數千人。因此跟希臘在西西里島各地的殖民地比起來，她只不過是個「部落」罷了。但不可否認的，這裡是個不折不扣的「寶島」。希臘人被這個「寶島」吸引而來，也是天經地義的事。

迦太基和希臘以西西里島為舞台，爭戰了一百多年，其間的墨地亞島也難逃戰火的侵襲。在戰爭末期，迦太基痛擊希臘軍隊，取得西西里島西部各都市的支配權，但是，當迦太基的軍隊拔營回國之際，希拉古沙僭主廸奧紐休斯再次率領大軍西進，開始攻擊墨地亞島。迦太基雖然將那條「海底道路」破壞掉以圖防守墨地亞，但是希臘軍隊卻又在上面建了堤道，很輕鬆地渡海而來，攻占城堡。這條「海底道路」成為迦太基的致命傷。

地勢難以攻破的墨地亞島，最後還是降伏在廸奧紐休斯的軍隊下。這個小小的「寶島」徹底地被掠奪一空，令人慘不忍睹。當時是西元前三九七年。

雖然迦太基的軍隊很快就從本國派來救援，趕走廸奧紐休斯的軍隊，但是無濟於事了。墨地亞島上戰火餘生的居民，逃到對岸海角，與當地土著混居，建立了新的城市里里巴烏姆，這裡後來取代了墨地亞島，成為迦太基的新據點。迦太基人在這裡重新蓋了堅固的城牆，成為經濟和軍事重地。但在一百五十幾年之後，這裡又爆發第一次布匿克戰爭，這次則敗在羅馬大軍的旗下。

繼第一次布匿克戰爭之後，羅馬將軍史基比奥（阿非利加奴斯）（譯註：Publius Cornelius Scipio Africanus Major，第二次布匿克戰爭在札馬會戰大勝漢尼拔，又稱大史基比奥）在第二次布匿克戰爭時，率領攻打迦太基本土軍隊，就從這裡出發的。

我想要探訪的馬薩拉城正是這個里里巴烏姆。我從墨地亞回到馬薩拉那天的夜晚，位於海角尖端的這個城市，春雷響個不停。海水咆哮地打向海邊的道路。我在海邊一家寂靜的餐廳吃過晚餐，回到旅館時已經淋得像隻落湯雞。海角的博物館裡，展示著從海底撈上來的迦太基船隻複製品。那天晚上，我夢見自己搭著那艘迦太基船漂浮在暴風雨的海上。

怪魚和怪獸的協定

在西西里島上一直到最後卻扮演迦太基據點角色的墨地亞，終於毀於希拉古沙的廸奧紐休斯的軍隊下。在它潰敗之後約半世紀，也就是西元前三四八年——正確的說是四十九年後——迦太基跟還是「開發中國家」的羅馬訂定了通商條約。希臘歷史學家波里比奧斯記錄了當時的條約內容。令人不敢相信的是，這個條約的規定太一廂情願了，幾乎全由迦太基決定一切，而羅馬竟然也接受了。其內容大要例舉如下：

1. 羅馬及其同盟軍船不得越過美麗海角（指的是邦角）以西的地方。但遇暴風雨或受敵（指的是海盜）侵犯時不在此限。在此情況下登陸者，除船隻修理或祭儀必需品外，不得買賣任何物品。且需在五天內離去。
2. 以交易為目的者，若無官方人員在場，不得有商業行為。由當局認可的交易而得之商品，欲賣到非洲各地或薩丁尼亞島時，其價格不得低於當局所定之價格。

3.在西西里島上只要屬於迦太基統治區內的羅馬人，得賦予與迦太基人同等的權利。
4.迦太基人不得對拉丁人有不公正的行為。且不得在拉丁姆(譯注：在羅馬一帶)建造城堡。

到底這個條約意味著什麼呢？我們能解釋的，就是迦太基為了確保自己的權益而對羅馬訂下很嚴格的限制條例。因為迦太基深恐羅馬海軍勢力一強，商人便會藉著軍事力量而進出地中海西部。當然，迦太基也必須表明自己對義大利半島不抱任何野心。第四項的規定裡就表明得很清楚。

實際上迦太基關心的不是他國的領土，而是自己的商業利益。他們最擔心的是商業權益被人侵犯。

羅馬為何願意接受這個一廂情願的條約呢？沒有人能知道他們真正的用意。也許是因為羅馬對商業並無多大興趣的緣故。事實上羅馬貴族根本看不起商業行為。他們發展的目的在於軍事，在於強兵。迦太基志在富國，羅馬則在強兵，這些都很明顯地表現在前面的條約裡。

換句話說，這個條約也可說是被喻為海中「怪魚」利維坦的迦太基，和喻為陸上「怪獸」比希莫特的羅馬之間所訂的象徵性「協定」。

對於海洋毫不關心的羅馬——對商業絲毫提不起興趣的比希莫特，雖然被禁止進入邦角以西的地區，也不覺得不妥。羅馬警戒的是迦太基是否會對義大利半島進行武力侵略。所以只要迦太基沒有絲毫入侵的意圖，羅馬也不在意是否能進出地中海西部海域。

然而，這些都是因為羅馬只將注意力放在義大利半島的緣故。當羅馬開始放眼外面世界，開始意識到強兵必先富國的時候，迦太基與羅馬之間表面的友好關係便徹底破滅，雙方形成了對決的局面。

而這個導火線正是被稱為「西克里」的西西里島。

驚心動魄的歷史之夢

「西克里」怎麼成為一個充滿因果關係的小島呀！就憑一個區區小島，竟然能招來羅馬，決定世界歷史的動向！

我投宿在該島西端海角的馬薩拉，一整個晚上被迦太基的船隻搖得昏昏沉沉的。聽說天氣反常，三月的南義大利竟然飄起白雪，西西里島整天吹著刺骨的寒風，沒有暖氣的房間凍得像冰箱一般，使我整個晚上顫抖到天明，所以才會讓我作了這樣的夢吧！

這是個奇怪的夢。我夢見自己坐在迦太基的船上，像奧德修斯（Odysseus，荷馬史詩《奧德賽》的主角）一樣地漂流。所到之處都是銀色的冰山。因為當時對面的冰山裡出現了人影，好像是希臘的士兵，也可能是羅馬軍人，向這邊不斷地叫「停止前進！」，但我不聽，拚命地對著像船長的男子說

「不准停，一停就會被殺掉！」最後船撞上其中一座冰山，發出轟隆隆的聲音，並帶著閃光。突然，我從夢中驚醒，發現閃電照亮了窗子，接著雷聲大作，我起牀拉開蕾絲窗簾，看見海邊的路燈形單影孤地佇立在雨水和打上岸的波霧當中。

第六章　宿命之戰

布匿克戰爭打了廿四年後終於落幕。但是歷史經常是從戰爭結束才開始的，因為我們要看戰爭如何改變這個世界，也是要等它結束之後才能看得到。

一提起「外籍軍團」，日本人只會聯想到一些電影的名字，但是，至今在地球上所發生的戰鬥當中，造成不少影響的，幾乎都是外籍兵團。尤其是古代戰爭中，具有影響力的，可說都是外籍兵團，也就是所謂的「傭兵」。他們為錢而戰，也就是雇傭契約下的戰士。

都是外籍兵團惹的的禍

除了按契約拿錢之外，還有更大的魅力吸引他們——也就是可以任意掠奪一切。只要他們攻下某個城市，都可將當地財物占為己有。不只是財物，連人都包括在內。這種魔力使得他們連自己的生命都賭進去。

所以，他們不為名譽，也不為忠誠而戰。他們的目的只有打勝戰。如果戰敗，一切就化為烏有了。

因此，一位優秀的將領，必須知道如何掌握這些傭兵，如何與他們訂下報酬契約，如何在戰勝後心胸寬大地與他們分贓，以取得軍心。被稱為天才將領的亞歷山大大帝，除了具有優秀的作戰能力外，他的領兵秘訣就是在於如何帶領傭兵。

一心想遠征印度的亞歷山大，由於兵士們的反對，最後還是決定從印度河撤兵回到巴比倫。當軍隊向西撤兵時，途經巴勒斯坦沙漠，那兒熱得簡直像地獄一般，很多士兵中暑渴死。後來有位士兵好不容易拿到一杯水，便將它給了亞歷山大。然而，亞歷山大在眾目睽睽之下，口也不沾一下地將那杯珍貴的水撒在地上。他認為必須與士兵同甘共苦，怎能獨自享受呢！這一來，士兵更是對他敬佩得五體投地。

我們可以說，整個世界史的劇情大綱，大大地受這些傭兵動向所左右，譬如迦太基與羅馬對決，由造成武力相爭的希臘城市希拉古沙僭主阿格杜克雷斯（他因生性殘酷而惡名昭彰，可是他卻曾經遠征到迦太基本土，並與她訂下和約）從義大利的坎佩尼亞（Kampania）召募來的傭兵團「瑪梅爾提尼」的殘餘份子所點燃的。

一旦沒有利用價值，這些傭兵就立刻被解雇，這是他們的宿命。被解雇的傭兵回到義大利半島也沒什麼出路，所以就留在西西里島，漸漸地在那裡生根壯大起來。他們專做不需本錢的勾當——掠奪。

最後他們攜家帶眷落脚在西西里島東北部，與義大利半島鞋尖相對的麥西拿，他們以此為根據地，開始當起海盜，不只掠奪海上船隻，連鄰近的都市都受到他們的蹂躪。他們殺戮市民，強暴婦女，襲捲財物，盡其殘暴之能事。他們稱自己「瑪梅爾提尼」為「戰神瑪斯（Mans）的士兵」。

亞歷山大以卅二歲的英年敗於巴比倫，過了六十年之後，西西里島總算恢復平靜，各個城市都致力於商業活動。但是希臘與迦太基的競爭形式仍然沒有有改變，雙方勢力處於一進一退的情況。在這種情況下，前面提過的傭兵隊的殘黨為新的火種，而羅馬則取代希臘，躍躍欲試地想要進出這個島嶼。

羅馬與迦太基的宿命之戰

事情的來龍去脈是這樣子的——希拉古沙僭主歇隆二世由於受不了「瑪梅爾提尼」無賴們的行為，終於率軍討伐他們。而「瑪梅爾提尼」則一邊鎮守在麥西拿，一邊仔細衡量是向羅馬求救呢，還是向迦太基求援！麥西拿是西西里島的要衝，若以此要衝「抵押」，不管羅馬或是迦太基，一定會趕來助一臂之力的。以位置來看，當然羅馬一定會來保護她。所以「瑪梅爾提尼」便決定成為羅馬的傭兵，向羅馬建議將他們當作羅馬在西西里島的「保鑣」。

但是，羅馬態度非常慎重。因為這個外籍兵團本來是坎佩尼亞地區的傢伙，曾經蹂躪過義大利半島鞋尖處的都市累佐（Reggio），當時羅馬費了很大的力氣才將他們趕走。有這次艱苦的經驗，羅馬感到非常擔心。因為誰也無法保證他們不會再度成為燙手山芋，難以應付。

然而，要是拒絕「瑪梅爾提尼」的求援，他們一定會轉向迦太基的。那時候，迦太基一定會藉此進出麥西拿。要是迦太基支配了麥西拿，對羅馬來說，等於是芒刺在背，怎能冒這個大險呢！羅馬的元老們審慎地開了好幾次會議，最後決定出兵救援「瑪梅爾提尼」，於是，羅馬的軍船越過了海峽。

但是，事情的發展卻出人意料。因為希拉古沙王歇隆二世搶先一步向迦太基求援，迦太基便派漢諾總司令率領船艦進入麥西拿的港口。「瑪梅爾提尼」不敵，屈服於迦太基旗下。所以迦太基在羅馬出兵之前就已把事情擺平了。

雖然如此，羅馬的拳頭已經揮出去，就得有個了結。所以羅馬軍命令迦太基的艦隊從麥西拿撤走，自己則在西西里島的一角蓋了橋頭堡。

迦太基雖然撤走，但對於羅馬的行為非常憤怒，馬上宣戰。第一次布匿克戰爭（迦太基戰爭）就此爆發。當時是西元前二六四年。

同時扮演怪魚與怪獸

以前羅馬曾經受辱於迦太基，前一章中提到的一廂情願的條約就是其中一個例子。像這樣的不平等條約，羅馬竟然也接受了，那是因為羅馬沒有足夠的船隻與迦太基抗衡。羅馬是個陸軍團；（比希莫特），並非海軍團（利維坦），所以一直由迦太基掌握制海權。而此次的戰役戰場是個島嶼，任它再怎麼接近羅馬本土，要到西西里島打仗，運送兵員、補充武器糧食，都得渡海而過，對迦太基而言，將渡海的羅馬船隻打到海底，簡直不費吹灰之力。

在海軍方面，羅馬的確不是迦太基的對手。羅馬沒打過海戰，即使有，也只是做做追趕海盜的訓練罷了。而迦太基的司令官漢諾則信心十足地率領艦隊出兵麥西拿，希拉古沙王歇隆則從陸地出兵，與之呼應，攻打這個城市。

然而，當時的羅馬已不再是四十年前被迦太基強迫簽下條約的羅馬了。雖然他們的海戰經驗不夠，陸上的戰鬥卻是身經百戰，訓練有素。由於她陸戰的威力，義大利半島才會被她所控制。戰鬥意志旺盛的羅馬軍，在執政官克勞迪斯的率領下，摸黑渡海，一上陸便馬上攻破歇隆的包圍，將他打敗。

但是，羅馬並沒有再深入追擊，只要讓他們知道羅馬軍的厲害就可以了。羅馬認為真正的攻擊留待後日有周全準備再做也不遲，便撤回本土。這次攻擊的確是巧妙的戰術運用。

第二年，羅馬再次率領大軍渡海到西西里島，打敗希拉古沙和迦太基聯軍，並進擊希拉古沙市，一打起陸戰，迦太基只有被羅馬追趕的份兒。她的海軍根本發揮不了作用。歇隆二世一定非常痛恨迦太基軍隊成不了氣候，所以這位靈敏僭主便馬上見風轉舵背棄迦太基向羅馬軍投降。

羅馬就這樣在短期內掌握了西西里島東岸的要衝麥西拿和希拉古沙，成功地取得控制全島的據點。下一個目標是島西南部的希臘都市阿格拉卡斯（阿格里吏托）。這個都市與羅馬作對，是依附於迦太基的。羅馬此時愼重練兵，決定在第二年開始攻擊這裡。

迦太基當然也不是好惹的。司令官漢諾麾下的艦隊馬上聚集到阿格拉卡斯西部的赫拉克・米諾亞，並率領規模不輸給羅馬的人馬上陸與之對峙。阿格拉卡斯被包圍了半年之後，糧食中斷，不得不做背水一戰。但是，陸戰還是羅馬占上風，迦太基軍隊大敗，阿格拉卡斯終於淪入羅馬手中。有二萬五千住民被賣為奴隸，這是羅馬對他們採取的最嚴苛的懲罰。

西西里島的戰局因阿格拉卡斯的陷落而有很大的轉變。表面上看起來羅馬是勝利了，但是，西西里島是個島嶼，陸戰雖然得勝，想要持久，非得靠海軍不可。不久，羅馬便意識到自己非具備強大的艦隊不可，因為即使羅馬把迦太基的勢力從島上一掃而空，還是無法對付控制四周海域的迦太基海軍。從另一個角度來看，也許會因為迦太基撤出該島，羅馬反而陷在島上，形成孤立的局面。

因此，被「監禁」在島上的羅馬軍隊，最迫切需要的是培養能在海上與迦太基對抗的海軍。比希莫特必須蛻變成利維坦才行。不，羅馬最後決定同時扮演這兩個角色。在這裡，羅馬帝國跨出了走向未來的第一步。所以，第一次布匿克之戰也可說是建立大羅馬帝國的重要關鍵，羅馬的考驗由此開始。

在海上打陸戰的戰術

第一次布匿克戰爭持續了二十四年。結果迦太基降伏在羅馬旗下。在戰爭期間，有不少次迂迴曲折的戰役。其中有幾次決定性的戰役是在海上發生的。

一個戰役是發生在西西里島東北叫做米拉耶角的海上；第二個是發生在阿格拉卡斯和基拉之間，叫做艾克諾姆約角的戰役；第三個則是發生在島的西北部，叫做特拉巴奴（特拉巴尼）港的激烈戰役。

在第一次海戰中，羅馬面對強勁的對手迦太基而能獲勝，是因為羅馬苦心設計的新戰術立下奇功。這個新戰術稱作，「克魯布斯」的「超人C」戰術。克魯布斯為拉丁文鉤竿或鐵橇的意思，他們先設計一個兩端掛著鉤子的橋，等船隻與敵人的船靠得很近時，把橋推向對方，鉤子便鉤到對方船上，如此橋便架在敵我船隻之間。

橋一架穩，羅馬的武裝步兵便直入敵船，在船上打起陸戰來了。這種「衝鋒陷陣」的戰術，使迦太基軍隊敗得狼狽不堪。這種戰術不必考慮船隻大小；不，應該說對方的船越大，羅馬的士兵越能在船上發揮作戰技巧，縱橫無阻。

在米拉耶海戰中，迦太基之所以會潰不成軍，完全是因為羅馬這招出奇制勝的秘密戰術所致。

在這以前的海戰方式，都是以船頭互相撞擊使對方船隻破損沉沒，是一種非常單純的方法。這種方法就必須以船隻的大小和掌舵技巧來決定勝負。為了耐撞，船頭必須有充份的裝備，並且得巧妙地操縱船隻攻向對方船腹最弱的部位，如果以船頭互撞，小船一定會粉身碎骨的。迦太基在掌舵技巧或船頭衝撞戰術上都是佼佼者。羅馬的船隊，不知被粉碎過多少呢！

這麼說來，要勝過迦太基，只要造比她更大的船、船頭的裝備足夠反擊迎面而來的艦隊不就解決了嗎？但是，對於陸上怪獸羅馬來說，無論是在造艦技術或操船訓練上，都難望迦太基的項背。

因為造船技術不是一朝一夕就能習得的。迦太基在造船方面擁有數百年的經驗，事實上，要是當時羅馬沒有搶奪到迦太基的新銳船隻，最後可能得屈服於迦太基了。怎麼說呢？因為羅馬當時將奪得的迦太基新型船隻徹底地分解，研究它的構造，終於習得迦太基的造船技術。像這種方法，古今皆然。

卡爾‧史密特就曾這麼說過：「羅馬本來是義大利農民共和國，純粹是個陸國，由於跟海國、也是貿易國的迦太基作戰，才使她成長為大羅馬帝國。」（同前揭書）

話說米拉耶海戰的始末是這樣的。原來駐守在西西里島的巴諾摩斯（巴勒摩，Palermo）的迦太基艦隊，得知羅馬艦隊南下直攻麥西拿的消息，立刻出兵迎擊，兩軍在米拉耶海上交戰。當時迦太基的司令官漢尼拔（與後來第二次布匿克戰爭中立下奇功的漢尼拔不同人）遠眺的小船隊，認為自己能力綽綽有餘，便決定用傳統的戰術將船身貼向對方。

沒想到羅馬船隻方向一變，與迦太基船並排，並將前章提過的克魯布斯排列到迦太基船的甲板上。一瞬間，手持盾牌的羅馬步兵便一湧而上，衝到迦太基船上。當時，迦太基的海兵一定丈二金剛摸不著頭腦，怎麼也不肯相信自己的眼睛吧！

結局就不用贅言了。迦太基眼見自己的艦隊一個個被羅馬虜獲，軍心大亂，逕相竄逃，當時有五十艘，也就是一半的船艦落入羅馬手中。這使得迦太基嘗到未曾有過的敗戰滋味。

大逆轉的第二次海戰

打勝戰而信心十足的羅馬想一舉攻入迦太基本土，又擴大艦隊裝備，於四年後航向非洲北岸。

迦太基為了阻止羅馬南下，也動員了所有的艦隊，雙方第二次海戰正式開打。當時是西元前二五六年春天。

這次有史以來規模最大的海戰，發生在艾克諾姆斯角。根據波魯比奧斯的記載，羅馬艦隊有三百三十艘，迦太基也派了三百五十艘艦隊與之對抗。羅馬兵員共十四萬，迦太基則動員了十五萬人。(同前揭書)

結果又是迦太基敗北。迦太基艦隊排成一橫排阻擋在羅馬艦隊前面，而羅馬卻以三角隊形企圖以三角頂點由中央突破；迦太基軍一見艦隊中央被攻，兩端的艦隊馬上採取包圍羅馬三角點的戰術，可是這次又重蹈米拉耶海戰的覆轍，迦太基再次敗在羅馬上回用過的「克魯布斯」戰術之下。

根據波魯比奧斯的記載，羅馬損失船隻二十四艘，迦太基不但損失三十艘，還被羅馬俘虜了六十四艘。苟延殘喘勉強逃回本土的迦太基艦隊，鼓起餘勇重新整頓，駐守在突尼斯灣準備迎擊羅馬艦隊。羅馬於是將計就計，從邦角東側(克里維亞)登陸，在那裡建立一個據點。

如果當時羅馬直接攻擊迦太基的話，第一次布匿克戰爭可能就此結束。但是，羅馬對這次決戰非常慎重。因為他們認為，在這次登陸作戰中，已經抓到二萬名俘虜回羅馬當奴隸了，有什麼好急的呢？而且當時已屆冬季，他們認為只要在第二年春天再大舉進攻就行了。因此，羅馬留下四十艘軍艦和士兵一萬五千人當守備隊，其他的人員則返回羅馬本土。

沒有人能了解羅馬為什麼沒有把握這個時機進攻迦太基。以戰爭來說，躊躇不前、優柔寡斷是最要不得的。難道羅馬不知道虛度光陰只會給迦太基重新備戰的時間，或者是羅馬計劃由守備隊在東部牽制敵人，再派主力部隊從西部攻擊？不管羅馬怎麼想，時間對迦太基是有利的，迦太基利用這個空檔，召集強力傭兵，準備和羅馬決戰。

羅馬對於陸戰似乎過於自信，沒想到迦太基花了大筆金錢，聘請希臘一位優秀的軍事家庫桑迪波斯當參謀，並且雇了他麾下的斯巴達(Sparta)傭兵隊助陣。這是一批專業的外籍兵團。最後迦太基聚集了步兵一萬二千、騎兵四千，加上百頭的大象部隊，陣容浩大。

羅馬守備隊的總指揮官是位執政官叫做雷格斯，他是個缺乏深思熟慮的人，他應該等第二年春天，主力部隊到達時再發動攻擊，可是急功近利的他，低估了迦太基的戰力，竟向他們宣布決戰。因為，要是戰勝了，功勞全歸於他，這種誘惑令他無法抗拒。

可是結果卻非常淒慘。迦太基所用的是著名的努米底亞（譯注：Numidia，羅馬時代，非洲撒哈拉沙漠以北的地區之名稱）騎兵、斯巴達戰士，再加上古代的戰車大象部隊，再怎麼厲害的羅馬，也不是她的敵手。

根據波魯比奧斯的記載，羅馬軍突破迦太基包圍而逃生的只有二千人，雷格斯部下有五百人被俘虜，其他的一萬二千五百人則統統戰死沙場。

悲劇繼續發生在羅馬身上。羅馬元老院得知戰敗，馬上派船艦三百五十艘前往迦太基救援。好不容易將羅馬殘存的部隊裝載上船，沒想到航行到西西里海岸附近的歸途中遇到暴風雨，船沉沒了二百五十艘。

西西里島戰火重燃

整個局勢到此有了很大的改變。迦太基雖然再次轉守為攻，但羅馬也敗而不餒。迦太基在西西里島西部的里里巴烏姆（馬薩拉）重新建立軍事基地，羅馬則全力投入重建艦隊的工作中。過了十幾年，戰爭的舞台再度回到西西里島。雙方第三次海戰發生在特拉巴奴（特拉巴尼）那是羅馬從非洲撤退後的第六年。

西西里島的戰局根本還沒有了結，急躁的羅馬執政官克勞迪斯這次又想一舉殲滅迦太基艦隊，率領了新編艦隊一百多艘，偷偷地航向迦太基在島西北岸據點特拉巴奴港，偷襲停泊在港內的迦太基船艦。

沒想到迦太基早已得知這個情況，司令官阿德赫爾伯不慌不忙地將船隊調到外海，等待敵人入甕。接著海面起了波濤，這回又是迦太基占上風。羅馬的艦隊連使用「克魯布斯」戰術的時間都沒有就被擊潰，執政官克勞迪斯辛苦逃亡，得免一死。根據波魯比奧斯的記載，羅馬最後只剩三十艘船，其他的九十三艘和士兵都成為迦太基的俘虜，這回羅馬又打了一場大敗仗。

直到當時為止，西西里島麥西拿的爭戰已打了十五年。可是，戰爭的情況一點也沒有進展。雙方艦隊的損失和兵員的消耗都非常龐大。雖然如此，這個不知結局的戰爭又延續了將近十年。

西元前二四七年。

西西里島出現一位迦太基的年輕指揮官哈米卡・巴卡(Hamilcar Barca)。在往後的七年裡，這位年輕的將領使得西西里島的羅馬軍吃盡苦頭。

他出身迦太基名門巴卡家族的「御曹司」。另外，世世代代擔任將軍職務的漢諾家族，在迦太基出兵之際，總是跟巴卡家族有不同意見，兩家的對立造成迦太基在決定重要方針時自亂脚步。

在迦太基的上層組織裡，有人強烈主張放棄西西里島等地，向北非擴張勢力比較要緊。漢諾就是抱這種主張的代表人物。但是，哈米卡深信西西里才是迦太基的生命線，失去這個島嶼，就等於把地中海霸權拱手讓給羅馬，而且也會影響迦太基的經商活動。所以他當總司令時，堅持奪回迦太基在西西里的據點。

當時迦太基在西西里的據點只剩西岸的特拉巴奴(特拉巴尼)和里里巴烏姆(馬薩拉)，而且這兩個地方都曾經被羅馬攻擊蹂躪過。這位年輕的指揮官一到特拉巴奴，就馬上率軍擊破羅馬軍，把他們逼到巴諾摩斯（巴勒摩，Palermo），並且在北方的俄庫特山設下陣地，巧妙地運用游擊戰，果敢地攻擊敵人。在他出擊之前，羅馬的勢力幾乎就威脅到巴諾摩斯了。漫長的布匿克戰爭，使羅馬得以學習海戰，相對的，拙於陸戰的迦太基也學到了陸戰技巧。

羅馬一擲賭乾坤

羅馬在西西里島開始出現敗績，而迦太基則三番兩次地重新編隊，並且毫無阻礙地將武器、物資運到基地。羅馬若想反攻，就得加強艦隊組織，以阻斷迦太基的補給路線，並且握牢地中海的制海權，但是羅馬的元老院並沒有考慮到這些，他們認為羅馬已花夠了費用和勞力在製造船艦上，可是到頭來這些船艦竟都化為海底的藻屑，所以堅決反對再花錢造一些專供沉沒的船隻。

然而，羅馬不採取對策是不行的。既然元老院進退維谷，虛度時日，羅馬市民們只好自力救濟，自己出錢建造強力艦隊。有錢的市民大力出資，短期間內就造了二百艘船艦，而且是能與迦太基抗衡的五段槳的船隻。

西元前二一四年，新編成的羅馬艦隊抱著必勝的決心航向西西里島，目標是以前曾經打敗過迦太基海軍的特拉巴奴。羅馬把一切下注到這一次決戰上了。

打了勝仗的迦太基正好鬆懈下來，沒想到羅馬船隊突襲而來，埃及加底斯（埃加地）島海戰就決定了勝負。波魯比奧斯記載說：迦太基被擊沉的船有五十艘，另有七十艘被虜，這一來，制海權又落到羅馬手中了。

一旦海又被控制，就動彈不得了。就算哈米卡的戰術再精湛，沒有補給，只有舉空拳的份兒了。最後迦太基終於放棄西西里島，與羅馬修好。條約的訂定則由哈米卡全權處理。

哈米卡盡全力與羅馬交涉。他擔心的是迦太基被羅馬統治。因此他準備只要能確保迦太基獨立，不惜做任何讓步。

哈米卡抱此決心與羅馬艦隊司令官加多斯經過幾次交涉之後，終於訂下和約，其內容如下：

1. 迦太基放棄西西里島，並撤出此島。
2. 迦太基須免費將羅馬俘虜送回羅馬。
3. 迦太基須付給羅馬賠償金二、二〇〇塔朗特（其後升為三、二〇〇塔朗特；塔朗特，貨幣單位）
4. 羅馬遣送迦太基俘虜時，得收取費用。

迦太基與羅馬訂下這些條約，得以確保自己主權獨立，保障領土安全，武器也沒被沒收，哈米卡手下的部隊得以保全名譽安全撤兵。羅馬雖然不滿意這個條約內容，但為了和平，只好簽了。迦太基雖然打了敗仗，但是能有這樣的收場，也算是不幸中的大幸了。這點可說是哈米卡高明的手腕吧！

歷史從戰爭結束才開始

延續了二十四年的布匿克戰爭，至此總算落幕。但是，歷史經常是從戰爭結束才開始的，因為我們要看戰爭如何改變這個世界，也是等它結束之後才能看到。收拾第一次布匿克戰爭殘局的是哈米卡，後來活躍在歷史舞台的主角卻是哈米卡的兒子漢尼拔。不久之後，羅馬又與這個軍事和政治才能都超過哈米卡的漢尼拔形成對決的局面，那就是第二次布匿克戰爭。

我渡過這個決定命運的海峽，是在一九八七年三月中旬左右。我的目的地義大利半島南端的大蘭多(Tarnoto)城，在那兒過了一個晚上，第二天一起牀看到大雪紛飛，使我驚訝不已。沒想到我竟然會在春天的南義大利碰到大雪。我草草用過早餐，穿著高統鞋和禦寒衣物，便乘車駛往累佐(Reggro)，當年羅馬就是從這裡不斷派兵到西西里島的。但是他現在已無當年蹤跡可尋，只是個偏僻的小城市罷了。

我到達累佐的旅館之後，行李一丟，便馬上到海邊去。那兒有個航行於聖・若斑尼別墅和西西里島之間的聯絡船，它正載著整列火車乘客，航向麥西拿港。

我登上車站附近的小山丘：遠眺命運之島西西里，它是這麼地近，似乎游泳就可以到達對岸。

我不斷沉思——當年羅馬和迦太基為什麼爭戰了那麼久？要是為了爭地中海霸權也就罷了，可是羅馬本來並沒意思渡過這個海峽，迦太基也沒打算要占領西西里，當然，更沒有渡海侵略義大利半島的意圖。然而，雙方在一百多年當中，又為何發生了三次生死存亡的戰鬥呢？

唯一能解釋的，不就是因為這裡有個島，還有一個海峽嗎？我俯首望著麥西拿海岸湍急且冰冷的海流，心裡茫茫然地，有一段很長的時間，迷迷糊糊當中，只聽到像是要出港的聯絡船的汽笛聲。

第七章　漢尼拔〔翻越阿爾卑斯山前〕

漢尼拔之所以長留在人們的記憶裡，主要是因為他完成了一般人無法想像的豐功偉業；他成功地帶領幾萬人部隊和象隊，從西班牙出發，越過阿爾卑斯山，進軍到義大利。

發生在迦太基和羅馬之間的三次戰爭，叫做「布匿克戰爭」。希臘人所謂的布匿基克斯（腓尼基人，就是羅馬人口中的布匿克人。在希臘話裡，布匿基奧斯是「紅色」的意思。為何叫他們這個名字呢？可能是因為他們有著紅色——不！應該說黝黑——的皮膚；也可能是因為他發明了從貝類液體中提煉紅色染料的技術才這麼稱呼他們。其語源已不可考，但後者的可能性較大。所以，「布匿克戰爭」也就是「腓尼基戰爭」。

充滿個人魅力的將領

腓尼基人從迦南地區遷移到北非，在現在的突尼西亞首都突尼斯的地點建立了新都市。這個都市叫做迦爾德•哈達斯特（新城之意），羅馬人稱定居在這裡的人為迦太基人，希臘人則稱他們為迦太克頓人。

一提到布匿克戰爭，可能要屬漢尼拔(Hannibal)最有名了。與羅馬打了二十四年，最後吃了敗仗的迦太基，戰後迅速重建，再度與羅馬對決。而建立這項功績的便是漢尼拔，因此在他指揮之下的「第二次布匿克戰爭」，也叫做「漢尼拔戰爭」。

漢尼拔為何這麼出名呢？跟羅馬打了十七年，最後羅馬打勝，漢尼拔應該是個敗軍之將呀！可是，也許是歷史的審判偏袒他，使他留名二千多年——因為打勝仗的羅馬將軍史基比奧(R. C. Scipio)不像漢尼拔那麼有名——但是，最重要的是，他是個少有的戰略家、戰術家、政治家，而且學識淵博，充滿個人魅力。

漢尼拔之所以長留在人們的記憶裡，主要是因為他完成了一般人無法想像的豐功偉業。他成功地帶領幾萬人部隊和象隊，從西班牙進軍到義大利。撇開這段長距離不談，途中有庇里牛斯山(Pyrenees)，越過這座山脈，到南法之後，又得面臨水流湍急的隆河(Rhone)，河的對岸又有險峻的阿爾卑斯山(Alps)。漢尼拔的軍隊克服這一切困難，成功地跋涉過這段遙遠的路程。

漢尼拔的軍隊並不是經過無人的荒郊野外，他們還得面臨各地居民的游擊戰。由史基比奧率領的羅馬軍曾做了萬全準備，登陸馬賽(Marseilles)，在那兒襲擊迦太基軍隊。漢尼拔巧妙地甩開羅馬軍，並且對所經之地的居民鎮壓與懷柔雙管齊下，最後終於到達阿爾卑斯山，可是阿爾卑斯山裡仍然埋伏著許多與漢尼拔軍對立的山地居民，不斷地以游擊戰攻擊他們。

漢尼拔能一一克服這些困難，其手腕的確讓現代人感到驚訝與佩服。

就拿大象來說吧！大象部隊是否立了軍功、他如何馴服這些大象的？又是從哪裡聚集來的？這些都像謎一樣，不得而知。據說漢尼拔一行帶了三十七頭大象，還有一半被他留在西班牙，所以他可能趕了七、八十頭的大象聚集到迦太基在西班牙的據點喀他基那(Cartagena)。因為伊比利半島不產大象，所以推測他是老遠從非洲趕過來的。

如何驅趕大象渡河過海？

第一次布匿克戰爭的英雄哈米卡・巴卡收拾了戰後發生的一場混亂之後——指的是法國作家佛羅貝爾拿手當小說題材的外籍兵團的叛亂——便帶著九歲的長子漢尼拔到迦太基占領下的西班牙去了。雖然他帶著大批的部隊過去，但因為當時迦太基所有的軍船都被羅馬沒收，而且也被禁止再建軍船，因此，從迦太基到伊比利半島這段路途，只有取道陸路了。

哈米卡一行到非洲地中海岸後，乘著幾艘運食物及貨物的小船，到達「海克力斯(Heracles，譯注：希臘神話中的大力神）之柱」(直布羅陀)之後，再渡過西班牙西部的加地斯(Cadiz)。

他們所帶的大象可能是那時一起渡過直布羅陀海峽，也可能是後來再運過去的。當時他們是如何將幾十隻那麼巨大的動物從非洲運到歐洲的？由於沒有文件記載，不得而知。光是渡過隆河就夠累人了，何況是海峽呢？當時他們橫渡直布羅陀海峽的時候一定吃足了苦頭。他們可能用小船，一次載兩隻大象渡海的。當時可能發生過大象被波浪驚嚇發狂，連人帶象一起翻到海底成為藻屑的情形。

很幸運地，漢尼拔渡過河的情形，還有詳細的記錄保存下來，可以讓我們身歷其境。這個記錄是由羅馬的史學家李維(Livy)和希臘的史學家波魯比奧斯記載的。這段歷史雖然眾說紛紜——因為當時根本沒有目擊者——但大致的情形是這樣的。

以下是波魯比奧斯的記載：

他們先做幾個堅固的竹筏，再用繩子將兩個竹筏綁成一組，固定在岸邊，寬有五呎（就像做棧橋一樣）；然後再將另一個竹筏往河心接過去，並用粗繩連接在岸上，以防流走。如此一直連接到二百呎，形成一個竹筏碼頭之後，最前端的部位再綁上另一種小型的竹筏，以便由小船拖曳。竹筏棧橋完成之後，再鋪上大量砂土，使大象以為還在陸地上。然後，馴象師先將兩隻母象趕到最前面，其他的象跟在後面，游上棧橋。等全部的象都上了竹筏後，馬上將竹筏與棧橋分開，再由船隻拖到對岸，剛開始大象被趕到河面上，曾一度驚慌發狂，後來因為害怕而安靜下來。其中有幾隻落水的大象，將鼻子露出水面，自己渡河。有些落水的馴象師溺死了，可是落水的大象卻都自行安全渡河。（同前揭書）

古代戰爭的重型戰車

像這樣辛辛苦苦地把大象趕到戰場，到底有什麼效果呢？在古代，這種巨獸的確是壓制敵人的「重型戰車」，尤其是對沒見過大象的人來說一定更具有鎮懾力。馬要是遇上大象，可能也會猶豫不前，所以大象部隊也有攪亂騎兵隊的功能。尤其看到幾百頭揚起塵土、節節迫近的大象群，再勇敢的士兵也要落荒而逃了。

但是，大象也有負面的影響。第一，這種動物不像馬那麼敏捷；動作非常遲鈍。第二，大象個性敏感，生性怕火，要是知道這個特性，很快就能制服牠。曾經有份文獻記載擊退大象部隊的方法：「將松脂塗在豬身上，點火使其衝往大象部隊以攻之。」（F．瑞納著《家畜的歷史》）

第三個壞處，大象需要大量的飼料。想到這點，就會令人懷疑漢尼拔是如何帶著大象遠征，又如何準備大量飼料的？再加上大象極易疲倦，強行軍是不可能的，而且，又要聘請很多馴象師駠象師可能是印度人或是各地來的有印度調教技術的駠象師才行。據說要調教大象並不難——但沒辦法駠練得像馬一樣靈敏，而且有時還會衝向自己的部隊，自亂陣脚。

第一次布匿克戰爭中，迦太基軍隊攻擊被羅馬搶走的城市巴諾摩斯(巴勒摩，Palermo)時，就曾發生這種事。根據波魯比奧斯的記載，迦太基的部隊用了一百四十頭大象，趕在部隊最前方，由於隊長急於邀功，沒搞清前方狀況就驅趕大象前進，沒想到羅馬軍由城裡射出石頭和箭矢，受傷的大象驚慌發狂轉頭奔向自己的部隊，迦太基的士兵被大象踐踏而受到重大損失。結果有十頭大象連同駠象師被羅馬活捉，其餘的大象也都被俘虜了。這就是大象在作戰時自亂脚步，攪得一團糟的例子。

就因為這個緣故，所以羅馬軍並沒有將俘虜來的大象用在戰場上。可能因為他們不善於駠象，但主要是使用大象不但麻煩且花費龐大，用在戰場上又不一定能起作用。

所以，被羅馬當作戰利品的大象，只用在馬戲團供大家觀賞。前面提到的作家瑞納給大象的利用價值作了這樣的結論：

在古代充滿奴隸的社會裡，大象等於是劣等的動物。由於牠動作遲鈍，所以幾乎對任何工作來說都不合算。牠只適用於原始林的勞動，對於森林已經開發完成的羅馬來說，除了在統治

者為了誇耀功績而設的馬戲團裡當珍奇動物給市民觀賞外，沒有其他立足之地。(同前揭書)

雖然如此，迦太基直到後來還是很重視大象的作戰能力。所以哈米卡才會把大象帶到西班牙。他可能認為要威鎮伊比利半島各部族，最有效的是使用他們從沒有見過的大象。他的兒子漢尼拔也承襲這個做法，將大象用在戰場上。另一個優勢是，馴象這件事對迦太基人來說易如反掌，因為非洲象主要分布在亞特拉斯山區，當地的居民在捕象、馴象方面，猶如家常便飯。

因此，漢尼拔和大象可說已經成為不可分的「同伴」了。他之所以會帶著大象遠征義大利半島，就是因為大象已經成為迦太基軍隊的象徵了。

伊比利半島：迦太基的新地盤

三月中旬，我尋著漢尼拔的足跡從迦太基到直布羅陀，再從那裡到西班牙的加地斯(Cadiz)，然後再到地中海岸的港都喀他基那(Cartagena)。漢尼拔的父親哈米卡為了重建迦太基，對羅馬復仇，先在西班牙的加地斯設下據點，再由此地攻向伊比利半島。

加地斯從很早以前便是腓尼基人的經濟基地。哈米卡高壓、懷柔並用，花了九年的時間才將安達魯西亞(Andalusia)一帶納入自己的勢力範圍。並且深得民心，但是他卻在西元前二二八年意外死於戰場。

奧古斯都（譯注：Augustus，羅馬第一代皇帝，凱撒的養子）時代的羅馬史學家李維敘述說，要是哈米卡再多活幾年，當時迦太基可能在他的指揮下攻下義大利半島。所以漢尼拔會遠征義大利半島，乃是繼承先父的遺志。（《羅馬史》）

然而，繼承哈米卡位子的是他的女婿哈斯德貝（Hasdrubal）。他的作戰手腕也不輸給他的岳父，前後七年的時間，能在伊比利半島擁有穩固的地盤，西班牙東南部全在他的勢力範圍之內，他並在喀他基那設立新的據點。那附近礦產資源豐富，海產又多，所以喀他基那馬上成為迦太基軍事和經濟的重鎮。

但是，哈斯德貝也沒有完成哈米卡的遺志。他也是死於意外——被部下暗殺。最後還是由哈米卡的親生子漢尼拔上陣。他被選為軍隊最高指揮官時，只有二十六歲。

情勢的發展是無法預料的。迦太基不斷地在西班牙擴張地盤，發展勢力，羅馬當然不能坐視不管。

迦太基能在伊比利半島擴張勢力，並不是一朝一夕的事，而是哈米卡和哈斯德貝經過十年勠力經營的成果。然而這個慘澹經營的成果，竟然在第一次布匿克戰爭結束後，被當作給羅馬的賠償。

伊比利半島的經濟成長非常快迅，如果放任它自由發展，迦太基就可能成為比以前更強的經濟大國，也可能成為一個威脅到羅馬的軍事強國。不，迦太基不就已經是這樣的一個國家了嗎？羅馬對她抱著疑慮和不安，也是可想而知。

曖昧的「不可侵犯條約」

因此，羅馬先到西班牙東岸，與距喀他基那不遠的希臘城市薩滾托（現在的瓦倫西亞「Valencia」東部）締結同盟，暗中觀察迦太基的動向。然後再與哈斯德貝交涉，結果訂下應該稱作「不可侵犯條約」的協定。

我們很難界定這是協定還是條約，反正就是羅馬與哈斯德貝訂定了一個協議，規定迦太基不可越過厄波羅河（Ebro），擴展勢力。厄波羅河穿過庇里牛斯山西部，注入地中海。

哈斯德貝為避免與羅馬正面衝突，才簽下這項協定。可是，羅馬卻因此無法干涉厄波羅河以西，迦太基在西班牙的活動。當時，羅馬掛念的不是迦太基的軍事威脅，而是擔心自己的經濟利益受到侵犯。因為，庇里牛斯山東邊，還有一個希臘城市馬賽（Marseilles），這個城市對羅馬來說非常重要，因為這裡是運送貴重礦物錫——製造青銅不可缺的原料——到羅馬的重要基地。

當時，錫的產地在不列塔尼（Brittany），所產的錫由比斯開灣（Bay of Biscay）上陸，再經庇里牛斯山北麓，沿加倫河（Garonne）南下，運到馬賽。這條重要的路線，會因為迦太基進出此地而受到威脅。有位學者指出，當時羅馬最關心的，莫過於此事了。（高文爵士著《漢尼拔》）

然而，這個協定有很多曖昧不清的地方。因為，其內容跟一些相關資料，有很多不一致的地方。總之，有一點可以確定的是，羅馬要求迦太基不可越過厄波羅河。但是，這到底是指軍事行動或是經濟活動，則沒有明確的記錄。而且，這個「厄波羅河協定」是否包括不可侵犯隆河西邊的羅馬同盟城市薩滾托，也不清楚。

這些曖昧不清的疑點，後來終於成為第二次布匿克戰爭的導火線。

戰爭，還是和平？

漢尼拔繼承哈斯德貝的位子後，馬上致力於平定西班牙的工作。雖然迦太基的勢力已經根植於厄波羅河以西的地方，但是，伊比利半島太大了。中部、北部仍然有部族與迦太基對抗。

雖然漢尼拔後來徹底擊敗這些部族，西班牙全域幾乎已納入其支配之下，但是，羅馬才是他真正的敵人。

他轉戰西班牙各地，就好像演習一樣，另一方面也是為了加強迦太基的軍事組織。根據李維的記載，哈米卡從迦太基出發到西班牙時，曾叫年少的漢尼拔發誓說「羅馬才是我們的仇敵，切不可忘！」

漢尼拔平定西班牙各地之後，馬上準備攻擊喀他基那東邊的敵人薩滾托，當時是西元前二一九年春天。這個希臘人的城市與羅馬有同盟關係，所以，他這麼做，等於是在向羅馬挑戰。

但是話說回來，厄波羅河協定中，只說迦太基不可越過厄波羅河，按此規定，漢尼拔並沒有違反協定。搞不好漢尼拔反而以為羅馬承認厄波羅河以西是迦太基的勢力範圍呢！協定中沒說清楚，終於引起紛爭。

李維說，漢尼拔包圍薩滾托持續了八個月，最後該城終於淪陷。漢尼拔一度拔營回到喀他基那，在那兒過冬。

羅馬當然不能坐視同盟城市受攻擊而不管。便派廸法比烏斯為首的代表團，提出嚴重抗議，並要求交出漢尼拔。迦太基拒絕，於是羅馬便發出最後通牒：「我們所求的，不是戰爭，就是和平，二樣而已。隨你們選擇。」

迦太基也用同樣的語氣回答說：「我們也隨你們選擇。」

羅馬的代表非常氣憤的說：「好！我們選擇戰爭。」

迦太基回答說：「隨時候戰……。」（同前揭書）

第二次布匿克戰爭就這樣開始了，時間是西元前二一八年。

從厄波羅河到庇里牛斯山

在雙方談判期間，漢尼拔已在迦太基備戰。假使開戰，迦太基必須比以前更加護衛北非一帶，以及西班牙。漢尼拔為此謹慎地調配軍隊，西班牙的防衛則交給他的內弟哈斯德貝。如此再無後顧之憂，他才率領主要軍隊出發到喀他基那，開始由陸路進攻義大利。兵力有——根據波魯比奧斯的記載——步兵九萬，騎兵一萬二千。當然，還有著名的大象部隊。

凱撒渡過魯比孔（Rubicon，義大利東北部）河而改寫羅馬歷史。同樣的，渡過厄波羅河的漢尼拔可以說操縱了世界史。他越過羅馬軍事界線厄波羅河，到達庇里牛斯山麓。在這個流域，他馬上就碰到原住民的抵抗，損失不少兵力。

但是，漢尼拔急著趕路，因為，他必須在下雪之前，越過阿爾卑斯山。這是與時間一決勝負的時刻，有所傷亡也在所不惜，所以他便強行突破這一關。

他在庇里牛斯山麓挑選精銳留下，其餘的則回西班牙。他留下步兵一萬，騎兵九千，還有三十七頭大象部隊。他率領這些軍隊，越過庇里牛斯山南端，於七月底到達亞威濃（譯注：Avignon，法國南部附近隆河河畔）。

然而，當時羅馬的將軍談史基比奧所安排的長毛高盧（譯注：Gallia Comata。現在的法國、比利時、北義大利等地區，在古羅馬時代的總稱。此地區住著屬於凱爾特族的高盧人）人部隊，早已等在對岸，敵人在前，強行渡河等於羊入虎口。於是，漢尼拔另派一組機動部隊，由隆河上游渡河，並命這支部隊由背後攻擊對岸的高盧部隊。漢尼拔並利用這段時間，全力調配渡河用的船隻和竹筏，以載運龐大的兵員。

第五天，狼煙在對岸升起。表示機動部隊已經擊潰高盧部隊。漢尼拔便立刻渡河，其情形，已經在前面敘述過了。

即使如此，還算漢尼拔走運。因為當時由史基比奧率領的羅馬部隊還駐紮在馬賽。高盧部隊使者趕來通報後，史基比奧急忙趕到漢尼拔渡河的地點。四天後他到達那裡，為時已晚，漢尼拔早已渡過隆河，進軍到阿爾卑斯山了，只剩風吹過隆河河面。

到現在，風依然吹越隆河河面。而且是初春刺骨的北風。

走一趟「漢尼拔之旅」

我佇立在西班牙東南部的港町喀他基那的小山丘上，站在山腰的哈斯德貝銅像前，回想往日時光。哈斯德貝在漢尼拔之前，指揮西班牙的迦太基軍隊作戰，並且把喀他基那當作據點。由於他是這個城鎮的創建人，在佛朗哥時代，建造了他的銅像。面臨這個港口的山丘不是叫「迦太基之丘」，而是叫「羅馬之丘」。「哈斯德貝之丘」在此丘北側，顯得非常渺小。

二千年的歲月，好像突然縮短了一般，現在我似乎聽到漢尼拔的軍隊，發出像遠處打雷的聲音，出發離去。不跟著去不行——我趕緊搭車，尋著漢尼拔軍隊走過的路線，越過庇里牛斯山南部，到達隆河河畔。

我不知道漢尼拔在哪裡渡河。前面提過的高文仔細查證過，可是也只能判斷是在阿爾(Arles)附近。我站在隆河岸，橫看有名的亞威濃(Avignon)大橋。河寬約一公里，水流湍急，水冷得似乎要凍住了——因為還是三月中旬。

沉思及此，又意識到不趕路不行，即使無法跟漢尼拔走完全一樣的路線，至少要到阿爾卑斯山去一趟。

我沿著隆河，經A7道路往北走，在小鎮瓦倫斯休息之後，向東經532道路，到達滑雪的「麥加」(意指發源地)格勒諾勃(Grenoble)。

終於接近山頂白雪皚皚的阿爾卑斯了。最後，在傍晚時分，我總算趕到阿爾卑斯山下。

然後，越過阿爾卑斯山

接下來就是要越過阿爾卑斯了。到底漢尼拔是走哪條路線爬越這座峻險的山脈的？關於這一點，眾說紛紜，到現在仍然無法知道確實的路線。有個較有力的說法是，他沿隆河支流伊塞爾河(Isere)河谷前進，越過塞尼(Cenis)山頂，下山到達杜林(Turin)。很遺憾的，此時，那個山頂已被厚厚的雪給蓋住了。

不管他是取道哪一條路線，大象能通過這樣的山路嗎？面對著阿爾卑斯山，我再次陷入沉思：只有實際上趕象越過這座山脈，才能找到答案，即使到不了塞尼山頂，只要把象帶到阿爾卑斯山，大致上就能推測出來。於是，電視台(TBS)便決定做個實驗。

但是，從哪裡找來大象呢？經我到處交涉的結果，法國的格留斯馬戲團答應幫忙。「作戰」經過是從巴黎運兩頭大象到格勒諾勃，再從那兒運到阿爾卑斯山中的小村子聖・提雷（譯注：參照卷頭照片）

格留斯團長從十二歲起開始學訓象，是個馴象老手。他笑著說，在馬戲團裡，他最喜歡的動物是大象。

他從巴黎帶來的象，一隻四十歲，一隻十七歲。雖然用現代文明利器大拖車運送，光運二隻大象仍然費了很大的功夫。平常開車到格勒諾勃只要七個小時，這回卻花了十三個小時。他說從那兒到聖・提雷村的十二公里，花了兩個小時。

我不禁問他：「哦！只開時速六公里的速度嗎？」

也難怪如此，因為那頭隊長級的大象有十五噸，年輕的大象有四噸重呢！

他喘了幾口大氣說：「我可是第一次趕大象到這種山裡來的呀！」

光是帶到這裡就這麼吃力了，帶三十七頭大象從這裡再到塞尼山頂，並且下到杜林，是否真能辦到？而且當時山裡還不時有敵人來攻擊。那時也開始下雪，山頂附近當然也蓋滿了白雪吧！我向格留斯團長問了一個最想問的問題：「你認為漢尼拔的行軍有可能嗎？」

團長聽後抬頭看著山峰，手插胸前想了一陣，最後他這麼回答：「我想有可能。只要帶頭的隊長級大象結實強壯的話，組成行列，爬山、下山不是不可能。只是必需要印度象才行。非洲象可能就不行了。牠們遲笨不靈光，很難訓練。」

可是，漢尼拔的大象部隊，卻全都是非洲象。

二頭印度象在聖・提雷村雪中的拖車裡過了一夜，終於要帶到外頭了。為了趕牠們下車，三個飼育員不斷吆喝，花了近一小時。年輕的象看到雪，激動起來，任團長怎麼撫慰就是不聽命令，最後開始胡亂發狂了。團長沒法子，只好把牠趕回拖車。只趕隊長級的四十歲大象慢慢向前走。叫做「多非」的這頭大象，先觀察四周，後來才慢吞吞地開始爬雪地的山路。為了怕牠感冒，所以全身給牠塗滿魚油。

「上去坐坐看！」格留斯把我推到象背上。坐在上面，可以看到遠方銀白色的阿爾卑斯山峰，矗立在陰天下。

「非洲象就不可能！」團長這麼說過。但是，輕鬆地就上了象背的我，心中想著，漢尼拔越過阿爾卑斯，並非不可能。

第八章　漢尼拔〔翻越阿爾卑斯山後〕

是要乘勝一舉進攻羅馬；還是慎重部署，等收服南義大利之後，再作打算？——這兩條路橫在漢尼拔面前，他現在站在「命運的十字路口」，必須做個抉擇。

第二次布匿克戰爭足足打了十七年，跟打了二十四年的第一次布匿克戰爭比起來還算短，但是漢尼拔卻一個人獨立支撐這麼長的歲月，可說是個超人。

超級戰術・戰略家

這個在鼎鼎大名的羅馬軍能行使特權的義大利半島上坐陣十五年，令羅馬元老頭痛不已的迦太基將軍漢尼拔，到底是個什麼樣的人物呢？

他一定是一位少有的戰術家、戰略家。但，光靠頭腦還是不夠，他的軍隊又都是一些不同民族混合成的傭兵，他是如何統率這個大集團的啊！如果不是兼具威嚴，信賴感，以及聚集這些士兵的行動力和人品，是無法辦到的。對於漢尼拔的形象，羅馬史學家李維作了以下記載：

遇到危險的時候，他經常表現出無比的勇氣，以及超人的判斷力。任何困難都不會使他體力損壞或精神受挫。不管是酷熱或嚴寒的天氣，他都處之泰然，吃喝也求裹腹而已，並不貪求享受。睡覺起床，亦不分晝夜，只要事情辦完就睡；睡覺時，也不睡柔軟的床墊，或求安靜的地方；他跟一般的士兵一樣，裹著外套，跟衛兵或步哨一樣，倒地就睡。衣服也與一般士兵毫無兩樣。只有他的武器和馬匹稍有不同而已。

在騎兵和步兵部隊裡，毫無疑問的他是首屈一指的，戰鬥一開始，就打前鋒，結束後退離戰場時，總是走在最後面……。

但是——李維繼續寫著：

漢尼拔也有跟他的美德一樣的惡德。他殘忍，沒有人性，布匿克人特有的背信行為他都有：出賣別人，罔顧真實的事物，不承認神聖之事；不怕神，不重視誓言，毫無宗教信仰。……（李維《羅馬史》）

這些評語看似前後矛盾，但在羅馬人眼中，可能就是如此。迦太基人的價值觀當然跟羅馬人不同，怎樣才叫殘酷？什麼行為才叫背信？是否所有的皆為神聖的事物？不同的民族當然標準也不同。所以，後段的評語也不能說完全客觀。

我並無意抬舉漢尼拔，只是從最後幾年他的迦太基復興政策看來，我不認為漢尼拔是李維所批評的那種人。如果他是那種人，他怎能在義大利半島坐陣當總指揮官達十五年之久呢？如果他是那種人，應該早就會被部下殺掉了。所以，他的人品，不是應該從他的實際功績上來判斷的嗎？

四戰四勝的漢尼拔

話說漢尼拔花了十五天跋涉過積雪的阿爾卑斯山，離位在西班牙的迦太基本部喀他基那出發的那一天，整整過了五個月了。進攻義大利的時候，他身邊帶了多少兵力，在一百年後的李維的時代，仍然眾說紛紜，有人最多說到步兵十萬和騎兵二萬，最少的說法有步兵二萬和騎兵六千。

大象後來如何了呢？有人說幾乎所有的大象都死在阿爾卑斯山，也有人說有二十頭安全越過山脈，也有人說三十七頭全部成功通過，無法知道真相。但不管如何，漢尼拔拿象來示威，主要是對付山中住民的游擊戰，只要突破這一關，大象就算充份發揮牠的作用了。

漢尼拔到達目的地義大利之後，接下來就是與羅馬的決戰。但是，他並沒急著這麼做，他的首要目標是：將羅馬屬下的各個都市納入自己的旗下，以確保後方補給站，然後再出奇制勝，混亂敵人脚步，使他們心理產生動搖。

要這麼做，就必須取得正確的情報。漢尼拔從喀他基・諾瓦（即喀他基那）遠征義大利之前，就已派遣間諜到那裡，探聽哪些地區的哪些部族，對羅馬或迦太基抱什麼樣的態度。所以，他頗了解這些情形。長途行軍，一定要有充份的情報，因為他們不知道什麼時候會受到敵對的部族攻擊。要是能熟悉前方住民的情形，反而能從他們那裡得到貴重的情報或協助。

漢尼拔的遠征，可說就是靠這些事前的準備工作，才得以成功。在阿爾卑斯山裡，他也得到很多人的協助和帶路。

在義大利半島的戰線上，漢尼拔也花了很多力氣在「地緣」上。所以面對號稱最強大的羅馬軍時，他才能擊退他們，在幾次的戰鬥中都打了勝仗。在長達十五年的義大利戰線上，共有四次大會戰，每次都是漢尼拔戰勝。

最初的會戰是在波河支流迪克奴斯河邊展開的。得知漢尼拔越過阿爾卑斯山、入侵義大利的小史基比奧（普布里烏斯，即克魯內里烏斯〔譯注：小史基比奧名為Publius Cornelius Scipio Aemilianus〕），從馬賽回去後，主張馬上迎擊南下而來的迦太基軍隊，在波拉坎提亞布陣之後，從那裡出擊。

羅馬援軍未到，在兵力上顯然處於劣勢。攻下塔里民族的城市杜利謀之後，漢尼拔軍隊士氣大振，充份活用他們拿手的「努米廸亞」戰術立刻擊敗羅馬軍，史基比奧差點喪命。羅馬軍在第一次交手後，便徹底的領教了漢尼拔的威力，令他們非常頭痛。

羅馬軍退到波河南岸，過河後把橋拆了，準備決戰。第二次兩軍隔著波河另一支流特雷比亞河展開會戰。此時，羅馬援軍陸續到達，兩軍兵力平分秋色。漢尼拔眼看不能再等待下去，便巧妙地挑撥羅馬軍隊，讓他們急著展開決戰。

這一次羅馬的總指揮森波羅紐斯由義大利半島趕來，代替史基比奧，他徹頭徹尾的中了漢尼拔的計，越過特雷比亞河。使得羅馬軍掉進作戰經驗豐富的漢尼拔軍隊的陷阱裡，陣脚大亂，又是一次潰不成軍。最後只剩不到四分之一的士兵渡過特雷比亞河，結局非常悲慘。就這樣，漢尼拔在幾次戰役中大勝，成功地鎮壓住北義大利。

始終如一的作戰綱領

亞平寧山由北向南，把義大利分成東西兩部。已經收服北部的漢尼拔，接下來的目標是越過亞平寧山（縱貫義大利半島的山脈），直搗羅馬首都。

羅馬無論如何都得阻止這件事。於是，羅馬派了兩位司令官，一個在東側鎮守亞得里亞海邊的阿里米努（即利米尼），一個在亞平寧山西側，鎮守阿雷提姆（即阿雷佐），在這兩地迎擊迦太基軍隊。

漢尼拔得知此事之後，把軍隊調往阿雷提姆西部。鎮守在阿雷提姆的將軍佛拉米紐斯率三萬兵馬開始追擊，剛好中了漢尼拔的引君入甕之計。當羅馬軍一進入特拉西美諾湖(Lake of Trasimeno)北岸狹谷——實際上是漢尼拔把他們引誘過來的——守在山崖上的迦太基軍隊馬上予以痛擊。羅馬軍隊在縱谷裡進退兩難，無處可逃，潰不成軍。羅馬軍又再次嘗到慘敗的滋味，佛拉米紐斯戰死沙場。

之後，還有第三次會戰。羅馬在這三次會戰當中，每次都幾乎全軍覆沒，所以她也開始不安起來了。羅馬在特拉西美諾的峽谷，士兵戰死一萬五千名，剩下的也幾乎淪為俘虜，犧牲慘重；而漢尼拔卻只損失了一千五百名的士兵。

迦太基軍再次逼向羅馬。羅馬情勢緊張，立刻選派法比烏斯・馬克希姆為獨裁官，並指派米努基斯・魯夫為副官。法比烏斯重整防衛隊，加厚城牆，並且調派海軍，以防萬一。

要是漢尼拔當時順勢直接進擊羅馬的話，也許會改寫歷史。因為，即使不能攻陷羅馬，占上風的迦太基，應該可以提出有利的條件，進行和平工作，漢尼拔也就可以意氣高揚的凱旋歸去。

然而，漢尼拔做事慎重。如果太急，搞不好羅馬影響的義大利同盟都市會扯他的後腿。所以，當時最重要的是先離間這些同盟都市，再加以拉攏。除去後顧之憂後，再對羅馬發動總攻擊。這就是漢尼拔始終如一的作戰綱領。

於是，他假裝要攻擊羅馬，卻半途轉向亞得里亞海。對他來說，這是他命運中的第一個歧路。

他自有他的打算。第一，先出亞得里亞海，從那裡與本國迦太基可以取得聯繫。第二，雖然連戰皆捷，但也要讓疲累不堪的士兵休息，再利用這段時間重整軍隊，訓練作戰，準備下一次的戰鬥。第三，對義大利同盟都市進行懷柔工作。

漢尼拔把先後俘虜來的士兵，除羅馬兵之外，全部釋放。在釋放義大利同盟都市的俘虜時，一定告訴他們，自己到義大利來作戰，並非與諸位為敵，而是衝著羅馬來的，「各位不都是受羅馬的支配嗎？我們為了從羅馬的牛軛中把你們拯救出來，才到此跟你們的敵人作戰。」

這的確是個巧妙的政治工作，但漢尼拔卻沒有收到預期的效果，因為這些同盟都市知道，脫離羅馬的支配，還是要成迦太基附屬都市。而且，這些市民都親眼目睹漢尼拔軍隊的糧食調配，不！應該說掠奪搶劫。最後他們並沒有被漢尼拔說服。

迦太基的火牛陣

西元前二一六年，漢尼拔再次動兵。目標是坎佩尼亞地區的中心都市卡布亞（譯注：在今那不勒斯附近）。如果能夠拉攏這個曾與迦太基做過不少生意的卡布亞，坎佩尼亞的穀倉就歸迦太基所有了。而且這時候卡布亞的首長不也正想脫離羅馬嗎？

然而，這個義大利同盟都市中最強大的卡布亞，並不如想像中那麼容易動搖。所以他放棄卡布亞，讓軍隊向亞得里亞海沿岸的阿布里亞移動。他最終的目的雖然是羅馬，但是在那之前，必須壓制，不，應該說讓南義大利各地支持他。如果能把義大利半島脚跟到脚尖的地區納入自己的勢力範圍，不但可以阻斷羅馬進出西西里島的門路，並且容易與本國迦太基取得聯繫。這才是漢尼拔遠大的計劃。

羅馬在這段時間，也不是閒在那裡。被選為獨裁官、負責指揮的法比烏斯，一直在注意漢尼拔的動向，他並沒有放鬆對漢尼拔的牽制，但也不急著跟他決戰。因為他早已全盤洞悉漢尼拔的企圖。要是胡亂與之對決，搞不好會損失慘重，倒不如運用長期戰術，迦太基後糧不繼，就會自行滅亡。為了這個目的，羅馬即使作焦土之戰也在所不惜。這是法比烏斯的戰略。

然而羅馬市民卻把這種深謀遠慮看做是懦弱無能；尤其是只有副官地位的米努基斯，早已迫不及待，向羅馬市民要求指揮。經平民會決定，允許他當獨裁官，這一來，羅馬在法比烏斯和米努基斯的指揮下，一分為二。

這對漢尼拔又是一個有利的情勢。急功近利的米努基斯，向漢尼拔正面挑戰，結果又是潰不成軍。李維記載說，要是法比烏斯的軍隊沒及時趕到，他們可能要全軍覆沒了。

然而，歷史有時候卻充滿了奇妙的結合。一直監視漢尼拔由卡布亞轉向亞得里亞海的法比烏斯，出兵阻斷他的退路。地點在加利具羅山頂。得知此事的漢尼拔，聚集戰利品所得的二千頭牛，在牠們牛角上塗上松脂，再趕到高處，等入夜後再點燃松脂。驚慌的牛群四散狂奔，羅馬軍狼狽不堪，而漢尼拔則悠然離去，又再次痛擊羅馬軍隊。（李維，同前揭書）

加利具羅山頂的火牛戰術——這讓我想到，一千四百年（正確應說一千三百九十九年）後的一一八三年（壽永二年。譯注：日本平安時代，相當於中國南宋初期）五月，在日本，也有人用了同樣的戰術。

地點在越中和加賀的國境礪波山。平氏（譯注：平清盛）為了阻止木曾義仲攻陷都城，率領十萬軍隊往北陸地區，兩軍在礪波山的俱利伽羅山頂決戰。義仲兵力略遜一籌，便運用戰略，夜晚在牛角上點燃松脂，並把牠們趕向平氏軍營。受驚嚇的平氏軍，慌亂逃走之時，跌落深淵，全軍覆沒。在《源平盛衰記》（譯注：日本平安時代，平治之亂後，平氏勢力壯大，源賴朝為削其勢力，而有源平之爭）中有詳細記載。

漢尼拔在加利具羅（譯注：音為KALIKURA）山的火牛戰，和木曾義仲的俱利伽羅（譯注：音為KULI-KARA）山的夜襲，兩者地名竟頗為相似，令人倍覺奇妙，不可思議。

「老虎鉗」夾羅馬大軍

法比烏斯的持久戰術，最後導致兩軍進入最具決定性的決戰。這期間，羅馬不斷地重整戰備，增強軍容，馬上就要轉守為攻。漢尼拔則除了糧食之外，為了確保兵糧而進出坎尼（Cannae，譯注：

今亞得里亞海岸，巴當塔附近），占領了羅馬的物資貯藏地卡諾薩平原。如此一來，導致雙方更大的衝突。

羅馬負責指揮的，是由元老院選出的魯基斯·阿米留斯·鮑爾斯將軍以及平民會推選的馬科斯·特廉突斯瓦勒的執政官。這兩位指揮官領兵八萬，漢尼拔軍五萬，總數來看，漢尼拔軍明顯的處於劣勢。

我從義大利半島的脚跟，不，應該說在阿奚里（譯注：小腿肌腱，連接脚跟筋的部位）部位，靠亞得里亞海的港都巴利，出發到坎尼。高速公路穿過坎尼遺跡附近，通往那不勒斯。一下高速公路，橄欖田、葡萄園到處可見。有時還可以看到松林以及杏仁樹。

那天吹著初春刺骨的寒風，非常寒冷。我幾乎要被風吹走了，兩手抓著帽子，頂著寒氣，站在能俯瞰坎尼古戰場的山丘上。答應當我嚮導的當地鄉土史學家比特羅·得隆佐為我作說明。

在我們眼前有條彎蜒的河流，叫奧凡多河。他說：「羅馬軍與迦太基軍，隔著這條奧凡多河對峙。從前這條河叫做奧非德河，當時河流流過更北的地區，所以戰場應該比我們現在看到的範圍還廣吧！一般認為在這裡作戰的迦太基軍有四萬到五萬，羅馬軍有七萬到八萬。」

漢尼拔用特乃亞（意為老虎鉗）陣形，把步兵放在前線中央，誘敵攻來。敵人攻入這陣地之後，騎兵由兩側圍攻，殲滅對方，這是他拿手的戰術。過去幾次羅馬也曾被這種戰術困住，慘遭敗北，沒想到這次坎尼之役，竟然又重蹈覆轍，掉入對方陷阱。

兩軍陣形可說都一樣，步兵在中央，騎兵在兩翼。羅馬傳統上把主力放在中央的步兵團，組成厚實的陣容。而漢尼拔卻把重點放在兩翼的騎兵上。迦太基的兵員是五萬對八萬，比羅馬少很多，但是騎兵卻是一萬對六千，漢尼拔占優勢，而且這些騎兵都是努米底亞（Numidia）的精銳部隊。

羅馬仗人多勢眾，準備靠兵團取勝。誰要是遇上主力軍，一定無法戰勝的。漢尼拔於是讓自己人數處於劣勢的軍隊組成新月形，陣形中央突出，在前方等待羅馬主力部隊以此為目標，攻打過來。當羅馬主力部隊試著突破中央部隊的時候，兩翼強力騎兵趁這個時候夾上來，擊散對方的騎兵，包圍對方主力部隊。

戰士是祖國的名譽

在騎兵方面，羅馬到底不是迦太基的對手。在這次義大利半島最大會戰坎尼(Cannae)戰役之中，羅馬又受到重擊潰不成軍。漢尼拔以五萬兵力殲滅八萬部隊的戰術，是一場在戰史上能留下特別記錄的大勝利。聽說羅馬戰死人數將近七萬（李維），司令官鮑爾斯也送掉性命，而迦太基多麼具有壓倒性的勝利呀！

「戰死七萬人，羅馬可是徹徹底底的被粉碎了。」我對著得隆佐氏說。

「沒人知道正確的數字。也有人說五萬。但不管如何，這是一場大敗仗。」他手抱胸前，回答我的話。

「即使五萬也是個大數目。這麼說來，這附近應該有很多人骨出土吧！」

「很奇怪的，挖掘到今天，連一具人骨都沒找到。也許迦太基人為了避免玷汚農耕地，把死者燒掉再埋到別的地方了。這個墳場到現在還沒被發現呢！」

在我們佇立的山丘上，立有一座石碑，看起來好像埋了死者。石碑上用希臘文刻著古代歷史家波魯比奥斯的一句話：

戰士是祖國的名譽

得隆佐氏站在風中，好像在自言自語的說：「在漢尼拔戰爭之後，在這裡還發生過十次戰役。第二次世界大戰的時候，美軍和希特勒的德軍也在這裡交戰過。人類真是個不知悔改的動物啊！」

戰爭的目的是什麼？

坎尼之役敵人大勝，羅馬現在就像風中燭一般。他們的主力部隊已從這個世界消失，誰來保護羅馬呢？

但是，羅馬卻忍受了這項考驗。說到考驗，漢尼拔從現在開始也要接受困苦的考驗了。漢尼拔自從由西班牙的喀他基・諾瓦（喀他基那）出兵以來，已過兩年，雖然四次大戰全勝，但遠征軍不管走到哪裡，總是危機四伏。漢尼拔戰績豐碩，卻也孤立無援。

別說從本國迦太基得到軍援，連從西班牙那兒也沒有救兵支援。兵員有減無增，糧食調配也不順利。對義大利的同盟都市的政治工作，也遲遲無法進行。漢尼拔卻不顧這一切，在那之後，一脚釘在義大利半島達十三年之久，這期間他就在各地轉戰不休。

坎尼會戰落幕之前的西元前二一六年八月二日夜晚，漢尼拔麾下的指揮官們主張應立刻進攻羅馬。乘勝追擊確實是個有效的戰術，羅馬的燈火已經快熄滅了，不趕快把它吹掉，難道還有其他的做法嗎？如果漢尼拔當初接納他們的意見，馬上攻擊羅馬的話，也許羅馬就已滅亡了。

可是，命運之神卻向羅馬微笑。因為漢尼拔拒絕採納他們的進言。

他這麼做當然有他的理由。因為，要是攻擊羅馬，羅馬必定誓死抵抗，而且一定是採取包圍戰術，而造成持久戰。漢尼拔害怕的是，果真如此，站在羅馬那邊的義大利同盟都市，就會從背後攻擊漢尼拔軍隊。如此一來，腹背受敵的迦太基軍隊，一定打不了勝仗的。

但是，與其說是考慮戰術，倒不如說是因為迦太基人特有的想法阻止了漢尼拔進攻羅馬。我在前面也提過，原本為海民的迦太基人，根本不關心領土的事，都市對他們來說，只是個經濟活動的據點罷了。他們認為要去征服這些都市，占領它，統治它，未免太費事，再也沒有比這事更令人心煩了。

換句話說，迦太基人目的在追求財富，都市若能發揮這樣的功能，也就夠了。所以，他們認為，到處去占領都市，花精神去統治它們，簡直毫無意義。在漢尼拔戰爭之前攻防西西里島的時候，也是如此。迦太基人只把西西里島當做經濟基地，從來也沒有想過要占領島上各地的都市。漢尼拔雖然有意拉攏義大利半島的一些都市，但絕對沒有意思要占領它，統治它。這也反映出迦太基人特有的態度。漢尼拔絕對有足夠的能力攻下這些都市，統治它們，並在義大利半島擴張勢力。但他沒這麼做。對漢尼拔來說，義大利的都市有必要拉攏，卻沒有必要去統治它們。

站在命運的十字路口

基於這個想法，他原本就沒有把攻陷羅馬當做是最後的目的。他唯一的目的是，只要羅馬知道迦太基的威力，再以對迦太基有利的條件締結和平條約，那就夠了。坎尼戰爭時，漢尼拔除了羅馬兵之外，將其他義大利各城市的俘虜無條件釋放，這也可說是因為他這種想法造成的。

漢尼拔目標不在羅馬，他轉向坎佩尼亞的都市卡布亞，為的是要拉攏這個城市，結果與卡布亞結成同盟。財富與兵士幾乎與羅馬並駕齊驅的卡布亞，一站到迦太基這邊，馬上影響到附近周邊的小都市。但是大部份的義大利同盟城市卻沒有改變心意。羅馬根本沒有講和的意思。漢尼拔在坎尼戰爭中得到的唯一戰果，就是在結了同盟的卡布亞設了據點。南義大利大部份的都市，都還站在羅馬這邊。

是要乘勝一舉進攻羅馬；還是愼重部署，等收服南義大利之後，再做打算？這兩條道路橫在漢尼拔面前，他現在可說是站在「命運的十字路口，必須做個抉擇。」漢尼拔選了後者。

那年冬天，漢尼拔的軍隊就像解放軍一樣，大受歡迎，在卡布亞作戰的疲累也一掃而光。也有人說卡布亞富裕的生活使迦太基軍隊士氣大減，漢尼拔也沉迷於都市愉快的生活。

本來迦太基的目的就不是戰爭，而是經濟，進行商業活動以追求財富。所以，漢尼拔以此為據點，跟本國迦太基取得聯繫後，商量應該如何恢復迦太基的貿易網，為了達到這個目的，想必他們一定在政治、外交以及軍事上都秘密地進行工作。

漢尼拔的著眼點不在於苟延殘喘的羅馬，而在迦太基的重要基地西班牙、西西里、薩丁尼亞島以及義大利全國。

在我俯瞰坎尼古戰場的小山丘上，有據說是四世紀由諾曼人(Nonmans)建的城堡，以及傳說是七世紀蓋的教堂遺跡，在這裡出土。坎尼城好像持續到十一世紀末，可是太多次的戰爭使住民厭棄她，聽說他們在一〇八三年放棄這個城市，遷到巴雷塔。

李維這麼記載著：「可能沒有其他的人類能像這裡的人一樣，生存在這片被蹂躪的土地上。」

頂著三月刺骨的寒氣，我與鄉土史學家得隆佐並肩望著午後像探照燈一般的陽光，時而從雲間洩出光芒，照在這一片古戰場上。

第九章　勝負逆轉

漢尼拔與史基比奧讓雙方士兵停留在遠處，各自只帶一名翻譯進行會談。這兩位名垂千古的歷史名將面對面，彼此默默地注視著對方一陣子，雙方內心都充滿敬意。

阿爾及利亞悠閒的氣氛，是義大利派。阿蘭嚴肅的光輝，總有西班牙的風味。蓋在倫梅爾河峽谷崖壁上的君士坦丁，令人想起多勒多（譯注：Toleto位於西班牙中部馬德里南方，臨太加斯河，是蓋在崖壁上的城市，有個聖堂存放西班牙畫家葛雷柯的作品）

——阿爾貝特・卡繆《過去未有的城市小檔案》

匪夷所思的斷崖城市：君士坦丁

北非的城市，尤其是阿爾及利亞的城市，之所以強力吸引我，最主要是因為法國作家卡繆對這些地方的描寫，幾次把我拉向撒哈拉的，也是這位作家像詩一樣的文章。卡繆出生在阿爾及利亞，在那兒長大，他一生的夢想就是「地中海共和國」。

阿爾及利亞的代表城市有三個。第一是首都阿爾及爾(Algiers)，其次是她西邊的商業城阿蘭(Oran)，第三是她東邊的，位在突尼西亞附近提比沙山中的君士坦丁(Constantine)。

第一次到這裡時，不禁要問：世界上哪有這種城市？世界上當然有各色各樣的城市，但君士坦丁比起我所見所聞的城市，都還來得奇妙，外表令人看了喪膽。阿爾及爾和阿蘭都是濱臨地中海的美麗城市，而君士坦丁卻深處離海九十公里的內陸，位在險峻的山裡面。說是險峻，可是她最高也不過海拔六百公尺。倫梅爾河切割岩壁造成峽谷，人們沿著山谷兩側蓋了這個城市。市街道連接在懸崖峭壁上，往下看，不禁要兩眼發昏。

說到斷崖城市，西班牙安達魯西亞（譯注：Andalusia，西班牙南部）的隆達(Ronda)，也以面臨溪谷的景觀而聞名，但是她到底比不上君士坦丁。

卡繆拿來作比喻的多勒多城，俯瞰河谷的風景，也曾令葛雷柯（譯注：El Greco，西班牙畫家，作品中有〈多勒多風景〉）繪畫的心靈為之激盪，但卻不及君士坦丁來得壯觀。我為這個城市著迷，前後共造訪了三次。

卡繆繼續寫著：

西班牙及義大利充滿了回憶、藝術作品，以及模範遺跡。在多勒多，有葛雷柯和巴雷斯（譯注：Maurice Barrés，法國小說家、政治家。曾遊歷西班牙、義大利等地，而有優秀的文學作品）。我要述說的城市，是過去不曾存在的城市，所以是不容易親近，也沒有感傷情懷的城市。在令人倦怠的時刻，也就是午睡的時刻裡，在這裡悲傷是無情的，也沒有寂寞的情緒。在早上的陽光裡，以及夜晚自然豪華的氣氛下，喜悅中看不到親切。這些城市不能提供思考的材料，只給人們無限的熱情……。（同前揭書）

決定歷史命運的古都

實際上，果真如此嗎？我可以同意他說的悲傷是無情的，喜悅中看不到親切。但是「過去不曾存在的城市」，怎麼也無法同意這個說法。因為，我們可以說，阿爾及爾和阿蘭就像沙漠中的夕陽，影子拉得長長的，等照到君士坦丁時，過去就已結晶了。這個城市，在迦太基之前就已經存在了。

君士坦丁的城名，是由重建這個古都的羅馬君主君士坦丁努斯一世之名而來。但是，這並不表示在那之前她就不存在。

在羅馬支配她之前，這裡叫做吉爾達，是努米底亞王國的首都。

希臘人或羅馬人叫這個努米底亞為諾馬得斯。英文諾馬得(Nomad，遊牧民族)，語源就是來自這個諾馬得斯。他們的確以遊牧為主要職業，但是他們也從事果樹栽培，曾在北非一帶擁有強大的勢力。

努米底亞的勢力範圍到迦太基(突尼西亞)西邊的什麼地方，並不是很明確。也許本來就沒有明顯的國界，一般認為，一直到海克力斯之柱——也就是直布羅陀附近，都是努米底亞人的生活圈。雖然他們的生活圈在迦太基以西的地區，但是迦國以東的地區才是努米底亞人的主要舞台，希臘人或羅馬人叫他們「利比亞人」或「非洲人」，叫住在西部地區的人為「毛利塔尼亞人」，以為區分。雖然如此，他們卻擁有共同的語言以及共同的文化。

北非到後來被拜占庭帝國支配，並被基督教化。到了七世紀，伊斯蘭教勢力侵入，就這樣，這裡的文化色彩一直在改變，令人眼花撩亂，但是直到現在，努米底亞的傳統，仍然根植在亞特拉斯山區(北非東北角的山脈)，被稱為「貝魯貝魯」的人，或許可以當此事的證人。

不管怎麼說，首先對這個地方具有影響力的是迦太基，其次是羅馬。尤其是漢尼拔戰爭時期的羅馬和迦太基更想把努米底亞地區列入自己的勢力範圍。換句話說，拉攏努米底亞，竟決定了第二次布匿克戰爭的動向。

如果是這樣，努米底亞的首都君士坦丁，不但不是「過去不曾存在的城市」，反而應該說她是一個背負歷史沉重包袱，決定羅馬和迦太基命運的「令人記憶深刻的古都」。

努米底亞爭奪戰

人們並不清楚努米底亞地區到底分布在什麼範圍，但是，大致可以肯定的是在現在的阿爾及利亞、亞特拉斯山區以北的地區。

努米底亞又分成東西兩部，東部由馬西尼薩、西部由西法克斯兩國王分別統治。這兩個國王原先受迦太基支配，到了第二次布匿克戰爭末期，羅馬侵入這裡，努米底亞親附迦太基或倒向羅馬，事關緊要，整個戰局都受她左右。

從西班牙的喀他基・諾瓦(喀他基那)出發的漢尼拔軍隊，越過庇里牛斯山，渡過隆河，踏破阿爾卑斯，入侵義大利半島，第二次布匿克戰爭從此開始，在這次戰爭中，漢尼拔不管到哪裡，都採取快速進擊的戰術，最令羅馬頭痛的就是努米底亞的騎兵隊，連號稱無敵手的羅馬步兵團，都被努米底亞騎兵攪得陣脚大亂，四處竄逃。

努米底亞人的騎術非常靈巧，在奔馳的速度上，無人能出其右。再加上努米底亞雖然是傭兵，但對司令官卻非常忠貞，是最值得信賴的部下。我們可以說，為漢尼拔立功的，完全就是這個努米底亞騎兵隊。

戰爭開始之後，過了將近十年，漢尼拔依然在義大利半島轉戰，羅馬軍開始慢慢地有所轉機，最後戰局變成不利於迦太基軍了。西元前二一一年，卡布亞再次降服於羅馬，結果漢尼拔被逼到義大利半島的脚跟附近。

羅馬開始取得優勢，便派增援部隊到西班牙，年輕的將軍史基比奧，為戰死在這裡的父親及叔父做弔祭之戰，西元前二〇九年終於攻下喀他基．諾瓦，前二〇六年，迦太基最後的城市格迭斯(加地斯，Cadiz)淪陷。西班牙完全被羅馬奪走。

在那之前，漢尼拔的內弟哈斯德貝，為了趕緊與在義大利的兄長會合，離開了西班牙，可是也被羅馬軍擊敗，頭顱被丟到漢尼拔的陣營裡。西西里島上的阿格拉卡斯(阿格里吏托)也被羅馬吸收，迦太基顯然要打敗仗了。

在西班牙戰果輝煌的史基比奧，回羅馬後，馬上被選為執政官。他暗中訓練作戰，以便一舉攻擊迦太基本國。羅馬元老院對於遠征北非的計劃並不贊同，但是看在他以往的功績上，以及羅馬市民對他的支持，勉強同意他的意見。

就這樣，羅馬從以往的防衛戰，一下子反守為攻。第二次布匿克戰爭最後一幕，變成漢尼拔對史基比奧的決戰。

迦太基當然也料到羅馬會攻過來。所以為了加強北非的防備，趕緊派努米底亞當千斤頂，擔負這個重任的便是哈斯德貝(吉斯科之子)。他說服了力圖與羅馬結盟的西法克斯，並把他拉入自己的陣營；為了達到這個目的，他甚至運用策略，把自己的女兒絲佛妮斯芭嫁給西法克斯。絲佛妮斯芭聽說是個絕代美女，這個王妃不久之後，成為羅馬與迦太基爭戰中的犧牲品。

從這個故事看來，的確就像卡繆所說的「悲傷是無情的」「喜悅中看不到親切」。

二對二的競賽

這場戲，是這樣展開的。

史基比奧認為遠征北非，亟須藉助努米底亞之力，便企圖拉攏西法克斯國王，為了懷柔他，親自拜訪這個國王。但是我在前面提過，迦太基司令官哈斯德貝偶爾也來與他會面。這些傳說準確性有多高不得而知，但在西法克斯的宮廷裡，兩個人為了說服努米底亞王而互別苗頭，結果，史基比奧輸了。西法克斯站到迦太基那邊。

史基比奧於是把目標轉向努米底亞另一個國王馬西尼薩。為了懷柔他，史基比奧釋放了馬西尼薩在西班牙為迦太基作戰時被羅馬俘虜去的外甥，終於使馬西尼薩掛上羅馬的馬鞍。如此一來，兩軍陣營把努米底亞一分為二，形成迦太基這邊是哈斯德貝和西法克斯，羅馬那邊是史基比奧和馬西尼薩的同盟關係。

西元前二〇四年夏天，後來被稱為大阿非利加努斯的史基比奧，立刻從西西里島西端的羅馬據點港都里里巴烏姆（馬薩拉）率領艦隊出發到北非。船上載有士兵三萬五千人。到對岸的非洲只有指間的距離。羅馬軍輕易渡過地中海，在突尼斯灣西北的烏地卡附近登陸，受到哈斯德貝和西法克斯強力士兵五萬以及一萬的騎兵攻打，遂放棄攻打烏地卡而轉到邦角(Cape Bon)備戰，在那裡過冬。這期間羅馬和迦太基則進行和平談判。

迦太基元老至此和平派占上風，主張講和。交涉的結果，羅馬向迦太基開出如下的條件：

1. 西班牙及地中海諸島讓給羅馬。
2. 迦太基留下二十艘船，其餘的全部交給羅馬。
3. 支付賠償金四千塔連多（譯注：貨幣單位）。
4. 西法克斯的領土併入馬西尼薩。

但是，就像其他地方戰爭的時候一樣，迦太基元老院中，和平派和抗戰派的對立非常激烈，民間亦然。如果前者占了決定性的優勢，那麼，持續了十七年的漢尼拔戰爭，可能早已落幕了。可是，事與願違，和平黨宣判哈斯德貝死刑，準備吞下羅馬開出的條件；後者的愛國黨卻準備妨礙和平工作。他們採取激烈的手段，攻擊羅馬的運輸船，想要緝捕載羅馬使節團的船隻，這一來，他們切斷了和平交涉的管道，停戰只維持了一段時間。

西元前二〇三年春，一直觀察交涉來龍去脈的史基比奧，一得知談判破裂，立刻出其不意地攻打哈斯德貝和西法克斯的陣營。突遭攻擊的迦太基軍隊大敗，但馬上又重整軍容，準備在烏地卡附近會戰。然而，他們已不再是士氣高昂的史基比奧軍隊的對手了。

這次，哈斯德貝又慘遭潰敗，連來幫忙的西法克斯都被俘虜了。

婚禮接著死亡的薄命佳人

西法克斯曾經把馬西尼薩的本部吉爾達（君士坦丁）納入手中，當迦太基的後盾。可是，現在，努米底亞情勢一變，站在羅馬那邊的馬西尼薩，這會兒代替了西法克斯成為努米底亞的國王。我所說的戲劇，就是從這時候開始的。

西法克斯的王妃絲佛妮斯芭，連同丈夫被抓到吉爾達的城裡，再次收復城池的城主馬西尼薩在那兒等待他們。以下，根據李維的敘述，她趴跪在馬西尼薩的膝上，請求他說：「因你同樣是非洲人，我信任你，任你處置。但是請你不要服從殘酷且傲慢的羅馬人的決定。如果真的沒別的辦法，與其把我交給他們，倒不如把我殺了。」

她貌美出眾，正值妙齡時期。馬西尼薩眼看如此貌美的絲佛妮斯芭趴在自己膝前求情，方寸大亂，不禁同情起來。努米底亞的國王被俘虜來的女人給俘虜了。他向她伸出右手，答應了她的請求。

要怎麼樣才不必將她送到羅馬呢？他苦思之後，想出一個計策。如果跟絲佛妮斯芭結婚的話……。如此一來，她成為馬西尼薩的王妃，羅馬就不敢插手了。於是，他立刻決定當天舉行婚禮，娶絲佛妮斯芭為妻。

但是史基比奧並不吃這一套。他認為即使絲佛妮斯芭現在是馬西尼薩的妻子，但他以前曾經是敵人西法克斯的妻子，她必須以囚犯的身份送到羅馬。

史基比奧也許在懷疑，迦太基的哈斯德貝可能是利用女兒唆使馬西尼薩。搞不好馬西尼薩不知何時會倒向迦太基。

李維記載說，馬西尼薩聽到這番話之後不禁落淚，回到自己的帳蓬，為已成為自己妻子的美貌女子歎息——只剩下最後一步了。馬西尼薩的歎息聲傳到帳蓬外面的貼身奴隸耳中，他曾經交代這個奴隸，萬一有什麼事，就把隨身携帶的毒藥交給絲佛妮斯芭。

拿到毒藥的絲佛妮斯芭立下了遺言：

我確實從你手中收到結婚禮物，再也沒有其他的禮物能比得上我丈夫送的東西了。但是，請你轉告他，要是沒結婚就舉行葬禮的話，我可能會死得更愉快。（李維《羅馬史》）

漢尼拔少小離家老大回

迦太基已經危機四起，可是徹底抗戰派仍未死心。元老院決定把漢尼拔從義大利召回。因為除了他之外，他們再也想不出誰能拯救迦太基了。漢尼拔接獲緊急通知，決定返國。當時漢尼拔已經四十四歲，且一眼失明，他是抱著什麼樣的心情回國的啊！

前二〇三年，漢尼拔內心百感交集，從義大利脚跟處的克羅多拿（克羅多尼，Crotone）出港，航向非洲。聽說他身邊帶了士兵二萬四千人。

分成和平派、主戰派且意見紛歧的迦太基，雖然把他召回，但卻連艘運輸船都沒派給漢尼拔。可能是因為羅馬已經掌握了制海權的關係吧！漢尼拔別無他法，不得不殺掉多匹珍貴的馬，這使得後來的決戰大大受影響。

不管怎樣，漢尼拔的船隊總算避過羅馬的耳目，在迦太基南部的雷普底斯・米諾（現在的蘇斯〔Sousse〕附近）上岸。與此同時，仍然在義大利作戰的漢尼拔的弟弟馬格也轉回非洲，但因他在米蘭作戰時受的傷勢惡化，在歸途中不治死亡。

如此一來，漢尼拔決定向史基比奧挑起最後的決戰。漢尼拔利用在巴敦美頓(蘇斯)過冬期間，重整軍備後，往西邊的札馬開始行動。史基比奧軍隊得知後，立刻南下，趕往主戰場。關係著迦太基命運的札馬大會戰已箭在弦上。

漢尼拔和史基比奧的軍隊都深入內陸，兩軍在那拉格拉(現在阿爾及利亞國境附近的耶爾・克福)碰頭，但卻沒有馬上展開戰鬥，因為漢尼拔要求跟史基比奧見面。也許這個迦太基的名將認為，與其把勝負交給命運，倒不如經由兩人協商，再由對方提出和談的條件。根據李維的記載，羅馬、迦太基兩位英雄會談的情形如下：

兩大英雄會面的歷史鏡頭

兩位將軍讓雙方士兵停留在遠處，各自只帶一名翻譯進行會談。這兩個人是當時最偉大的人物，不僅如此，他們跟歷史上其他的國王或武將比起來，一點也不遜色。當他們碰面時，兩人默默地注視著對方一陣子。雙方內心都充滿敬意。最後，漢尼拔先開口。

漢尼拔對史基比奧說：

向羅馬發動戰爭的別無他人，就是在你面前的我；而且打了幾次勝戰的，也是我。這樣的漢尼拔，因為命運的安排，提出講和的條件，對象是你，史基比奧，使我感到非常光榮。同樣的，對你而言，不也是件很有名譽的事嗎？

接下來，他開始提到和談的條件。

我少小離鄉老大回，這期間，我學到的就是：與其任憑命運安排，倒不如靠自己的能力。因為，幸運之神總是不可靠的。現在情勢對你有利，對我不利，所以，如果你答應的話，講和會給你帶來名譽和光榮。但我主張和平，不是為了榮譽，而是因為需要。與其期待勝利，不如確保和平，如此不是更安全嗎？和平存在你的權力當中，勝利則握在神的手裡。希望你別在一時之間，將長年所得的成功化為烏有。……

講了這番話之後，漢尼拔向史基比奧提出這樣的講和條件：迦太基必須放棄靠武力得到的，或應該得到的所有領土，如西西里島、薩丁尼亞島、西班牙，以及非洲和義大利之間的海域中所有的島嶼，並且同意把迦太基的活動範圍限制在非洲沿岸。

然而，史基比奧並不為漢尼拔不爛之舌所動。他冷冷地說：「以往的和平交涉，我們都受騙了，迦太基是侵略者。你不也承認這點嗎？眾神是我們的證人。如果神讓我們戰爭，那麼，祂也會以正義來結束它。」

最後，史基比奧說：「你們也必須賠償以往在交涉過程中加諸於我方官員的暴力，以及由我們船上搶走的補給品。如果你認為我的要求太過苛刻，那你就回去準備戰鬥吧！因為沒人能證明你們迦太基能耐得過和平的生活。」就這樣，世紀性的會談便不了了之。

簽下苛刻殘酷的和約

談判破裂的結果，造成激烈的札馬大會戰，在此我想不必詳述戰況了。這場戰爭就像羅馬軍慘敗、漢尼拔大勝的坎尼大會戰，換個時空，勝負顛倒過來一樣。漢尼拔在作戰技巧上不輸給史基比奧，問題是他的部下都是一些無法信賴的傭兵。相反的，史基比奧多了馬西尼薩的騎兵隊。羅馬軍和這個努米底亞騎兵隊巧妙聯繫，包圍並殲滅了漢尼拔的軍隊。

漢尼拔軍隊當然也包括迦太基的國民兵，以及在義大利經歷各個戰爭的勇士，也有馬克多尼亞的部隊，以及八十頭大象打前鋒。可是，史基比奧巧妙地利用對方的大象部隊，反而把這羣巨獸趕到迦太基陣地，使迦太基騎兵隊大亂，終於大勝漢尼拔。漢尼拔帶著極少的騎兵，狼狽地逃到巴敦美頓（蘇斯）。

歷經十七年的第二次布匿克戰爭，也就是漢尼拔戰爭，就這樣落幕了。對於戰敗的迦太基來說，負擔最沉重的，當然就是羅馬提出來的和談條約，而迦太基卻一個條件都沒提，可說等於是無條件投降。但話說回來，迦太基除了接受對方條件之外，沒有其他的路子可走了。總之，最後迦太基只被允許能夠繼續生存。

和談條件的內容比前次的和平交涉的條件，更為苛刻。其內容如下：

1. 完全解除武裝。除了留下三段櫂船十隻之外，必須把全部的船隊交給羅馬；老朽船一律焚燒；戰鬥用的大象由羅馬沒收，但並不負責之後的飼育、調教。
2. 承認迦太基獨立，但迦太基必須放棄本國以外的所有的領土；努米底亞的馬西尼薩所領有的土地，也要歸還給他。
3. 迦太基的安全由羅馬保障；承認迦太基為保衛國家而設的自衛隊，但絕不允許赴海外作戰，而且如果為了自衛欲在北非動兵，必須跟羅馬「事先協議」才行。
4. 在羅馬元老院承認此條約之前，駐留在迦太基的羅馬軍的薪餉、糧食、以及其他一切的費用，都須由迦太基支付。

5.須免費將逃兵、逃亡奴隸以及俘虜送回羅馬。
6.必須支付一萬塔朗特給羅馬當賠償金；准許在五十年內付清。
7.得由史基比奧選十四歲以上、三十歲以下的男子一百名，送到羅馬。

接受條約是唯一的生路

迦太基接受這些條件，並派和談使節團到羅馬簽約，使節團受到元老院的冷嘲熱諷，全身帶著戰敗的淒慘痛楚回到祖國。迦太基元老院中，有一派無法忍受這種屈辱，主張撕破和約，繼續作戰。但漢尼拔力排眾議，他認為除了接受條件之外，迦太基沒有其他的生路了。

隔了三十六年回到祖國，為了挽救危機而大聲疾呼的漢尼拔，在義大利連續作戰十六年，並曾經把羅馬追得走投無路，這樣的經歷就足以使反對者閉口。李維記載了漢尼拔謙虛的談話：

我九歲離開諸位，三十六年後才回到故鄉。從少年時代就開始作戰，這些經驗，使我能充份掌握軍事上的技術。但是教我法律、都市或商業習慣等方面知識的，卻是你們。(同前揭書)

開始一場戰爭很容易。但是天下再也沒有其他的事比結束一場戰爭還難。相同的，備戰容易，收拾戰後殘局，可就難了。而漢尼拔卻接下這個難事。

戰爭用物理性的暴力進行可怕的破壞行為。但這些畢竟是肉眼可見的慘狀，比這還嚴重的，是肉眼看不見的後遺症。「那些經歷過戰爭以及戰後那段期間的迦太基人和羅馬人」，英國的歷史學家湯恩比(Arnold Joseph Toynbee)在他的名著《歷史研究》中這麼寫著：「人們已經注意到這場戰爭的結束跟這場戰爭的規模比例。但是能真正意識到這個結果充滿多少諷刺的人，恐怕少之又少吧！」

這個諷刺指的是什麼呢？他說：

> 迦太基敗北，這是很明顯的；羅馬戰勝也同樣顯而易見。但是，羅馬真正的決定性的軍事勝利，造成羅馬國內戰線無法挽救的非軍事敗北，這件事情卻不那麼顯而易見。(同前揭書)

戰爭就是如此，不管它發生在哪個時代。

第十章　浴火重生

迦太基之所以能再度成為經濟大國，漢尼拔在國內改革的成功絕對是一個重要的因素；但是我們也不得不承認，這也是因為「戰敗一身輕」的緣故。

無條件投降，指的是戰敗者投降時對於戰勝者所提出的一切要求，無條件接受。

第二次世界大戰末期，一九四五年七月二十六日，美、英、蘇三國首腦要求日本無條件投降，發表〈波茨坦宣言〉；過了十四天之後的八月十日，日本通知聯合國，接受〈宣言〉，五天後的八月十五日，寫明主旨的詔書由日本天皇透過收音機向日本全國播放，戰爭於焉結束。當時我十九歲。

「然後，現在才是開始……」

我親自體驗了戰爭是多麼地殘酷。而「戰後」那段日子又是多麼地艱辛，我虛脫的心靈簡直無法想像，痛苦的日子從第二天（指宣布戰爭結束後的第二天）就開始了。

到今天我都還記得很清楚。有一家攝影雜誌，在一張拍了從外地戰敗陸續遣回的日本人以及復員士兵慘狀的照片旁邊，下了一個大標題：

「然後，現在才是開始……」

就某個意義來說，戰敗後的生活比戰爭時來得辛苦。社會崩壞、混亂、饑餓，無法預知的命運，赤裸裸的利己主義，為求生存而變得像野狼般的人們，物質上的食糧當然不用說了，而失去精神支柱的日本人空洞的心靈，當時只能用「虛脫」兩個字來形容了。

我們日本人，一直到最近，不，也許應該說一直到現在，都受著這種「戰後」的詛咒，被束縛得無法動彈。在我的一生當中，至少可分為「戰前」「戰中」「戰後」三個時期。

史基比奧向漢尼拔提出的項目，的確是苛刻不堪。但是，仔細分析起來，會意外地發現，它還算蠻寬大的。因為，在札馬大會戰中大勝的羅馬總司令史基比奧，如果繼續進軍攻擊迦太基的

話說交涉和平的使節團幾次穿梭於迦太基和羅馬之間，最後終於達成協議。羅馬的代表是史基比奧，迦太基則全權委託漢尼拔處理。西元前二〇一年，雙方在和約上簽名，迦太基可說是完全無條件投降。羅馬所提的要求極端苛刻，但迦太基除了把它吞下去之外，沒有其他的路可選。

話，足以徹底破壞這個都市，但是，他卻沒繼續追趕下去，使迦太基的城市毫髮無傷，甚至還允許她獨立自主。

放棄海外的領土，全面解除武裝，以及巨額的賠償金……這些條件，算是非常苛刻，但卻沒有對挑起這場戰爭的人加以處罰。如果把這場戰爭中羅馬所受的人員和物質上的損失都算進去的話，羅馬只做這個程度的要求，還算是蠻有自制力的。

也許戰勝國羅馬的元老院認為，如果把對方打得體無完膚、寸土不留的話，連賠償金都會要不到。或者是因為漢尼拔的政治手腕，使羅馬讓步，另外，也可能是史基比奧認為漢尼拔「雖為敵人，卻值得佩服」，也許是這份對他的敬意和信賴挽救了迦太基免於潰敗滅亡。

「現在才是開始……」戰敗國迦太基苦難的歲月。這段戰後的日子，鮮明地留在我們內心深處，很難相信它，竟然是二千二百年以前的往事。

漢尼拔露出笑容

打了敗仗的迦太基，陷於一片混亂，茫然不知所從。想必有一段時期，她都陷於「虛脫」的狀態。在這段期間沒發生叛亂或革命事件，使她能馬上進行復興的工作，可說是因為她的軍隊大半都由傭兵組成的緣故。

迦太基元老院那時仍然握有大權，並監視擁有軍隊的將軍，以避免他獨立。統治人民的「百人會」和「民會」也都沒受到羅馬的干涉。元老院戰後立刻表明：順從羅馬，並忠實履行條約的規定。

對於羅馬苛刻的要求，當然也不是沒有人表示反對。「愛國黨」就非常氣憤，認為不該接受和談條約，但迦太基已經沒有能力再作軍事行動了。因為簽約的人是掌握軍權的漢尼拔。本來迦太基對敗戰將軍都必須處死刑的，但是，雖然有人責怪漢尼拔，實際上卻沒對他追究責任。漢尼拔被除去將軍職務，是在簽約的兩年後。且是羅馬勒令強制離職的。

漢尼拔不祇有軍事才華，還有外交和內政手腕，連羅馬的史學家李維都對他讚美有加。他說：「漢尼拔對事情所發揮的忍耐力，實在令人難以相信。」

他擁有令羅馬人瞠目結舌的不可思議的能力，冷靜的判斷力和洞察力，以及實行力和說服力。他雖然打了敗仗，但這位迦太基將軍可說是歷代少有的政治家，為了巨額的賠償金而哀聲歎氣的元老院中，只有漢尼拔露出笑容。元老院有個議員哈斯德貝見此光景，便激烈的責備他。李維記載說，漢尼拔聽了之後向大家說：

如果人是相由心生的話，那麼，各位在責怪的我的笑容，並不是因為我高興，而是因為我們遭到這麼不幸的事而苦笑的。現在再哭也沒用了，因為場面不對。要哭的話，就是我們的武器被沒收的時候，以及我們的船被燒燬的時候，還有，我們被禁止在外地打仗的時候，碰到這些情形才值得悲歎哭泣啊！為什麼呢？因為這些對我們來說，是既痛苦又無法挽救的。

現在最好別相信羅馬會保障我們國內的和平。因為沒有外患，必有內憂出現。一個國家就像我們人類的身體一樣，外表看來健康，可是有時體內卻非常衰弱。

然而，我們卻沒有注意到這點，把社會的不幸跟個人的災難視為相同的程度。自己丟了錢一定會很難過，但是，國家的損失卻跟這個不同。只要看看迦太基現況就知道了。現在，我們不是被赤裸裸地趕入各個武裝的部族裡面嗎？面對這個情況，卻沒有人表示悲歎，只一味地為自己的財產會被拿去當賠償金而悲傷。失去金錢，只是小小的不幸罷了。諸君馬上就能了解這件事了。我也是為這個難過。（同前揭書）

奇蹟似的復活

一個國家應該如何著手戰後的復興工作呢？迦太基當時雖然沒再出現叛亂的情形，可是整個國家卻處於脫序狀態。就像漢尼拔所警告的，每個人都只想到自己的得失，沒人理會國家的重建。在這種情況下，國家為了徵收賠償金，不問百姓有無，強制執行。當時物資走私橫行，更有人利用賠償金的支付中飽私囊，元老院和百人會都腐敗無能，犧牲的只是被課重稅的老百姓。

因此，由一般市民組成的民會與由特權階級組成的元老院或百人會，形成對立的局面。最後，民會選漢尼拔為具有最高權力的「史費特司」（行政、司法院長）。他雖然要為戰敗負責，但卻得到民會的支持，他便以市民的力量為靠山，開始著手迦太基的復興大業。當時是戰敗後第五年，也就是西元前一九六年。

史費特司為二人制。當時，漢尼拔的搭檔是何許人物，則不得而知。也許是漢尼拔的心腹吧！漢尼拔一回到政界，就立刻著手體制的改革。這些幾乎可以稱為「革命」的徹底改革，簡直可冠以「民主主義革命」之名。

首先，他先對具有「貴族院」特性的百人會進行改革。根據李維的記載，百人會控制了迦太基的一切，掌握著所有的特權。

漢尼拔首先召來財務官，命他報告財政狀態，但財務官不從，漢尼拔便強行拘提財務官，在民會糾彈他的違法行為，並且向民會提議要百人會改組。最後他斷然地把終身享有特權的百人會議員，改為每年選舉的一年制任期。這個做法當然受到貴族們的反擊，他們想盡辦法保全身份。但最後還是沒法跟力量強大的民會對抗。從此百人會徹頭徹尾地改變了她的特性，她跟民會一樣，成為一般市民層的政治舞台了。這跟日本的貴族院在戰後蛻變為參議院的情形，不謀而合。

除此之外，迦太基的當務之急就是好好地履行對羅馬的賠償。支付賠償已進入第二年，卻老是受到羅馬的嚴厲警告，說賠償金額不夠。在徵收賠償金的過程中，一定有很多貪污的情形。為了防止這些貪污，以重建迦太基，最重要的就是重建財政工作。但是，如今國家的財源除了徵稅之外，別無他法了。

於是漢尼拔開始著手改革不公平的徵稅制度。他主張採用累進課稅的方式，對有錢人徵多一點，對貧窮的庶民則減輕稅金。並且在民會上說服大家說，如果大家都遵守這個新稅制，而確保歲入的話，迦太基市民就不會再為重稅所苦，且會再一次成為富裕的國家。

漢尼拔下一步是振興商業。雖然這麼說，可是這個政策並不是那麼必要。因為迦太基原本就是個商業民族，為了賺錢，絕不惜做各種犧牲的。為了賺回失去的資產，而且打從以前就想成為一個有錢的國家，這些人民早就著迷於商業活動了。如此一來，經濟復甦，貿易又開始活躍。不到十年的工夫，財富又再一次聚集到迦太基了。

羅馬奢華腐化的開始

其他的國家一定認為這是個奇蹟。有些驚訝得目瞪口呆，而最感納悶的就是戰勝國羅馬。迦太基在海外的資產已全部被沒收，船隊也遭解散，簡直可以說失去手脚了，為什麼能在短短的期間內，使經濟復甦起來呢？

戰勝國羅馬卻跟戰敗的迦太基相反，她雖然收取了巨額的賠償金，以及無數的戰利品，貿易赤字卻越來越嚴重，通貨膨脹無法解決，財政則處於窮途末路。這跟迦太基不是剛好相反嗎？

「戰後」的確給羅馬帶來沉重的負擔。德國的羅馬史學家摩姆占描述了當時的狀況：

戰爭與饑餓給義大利人口帶來多少的空白，我們可以從戰後只剩四分之一的羅馬市民人口中，得到答案。有個記載說，在漢尼拔戰爭中，義大利人戰死的總數達三十萬人，這絕對沒有誇大其辭。這些戰死的人，不用說，大都是戰士以及組成軍隊精銳的市民中的菁英。……

十七年當中在同一個時期，義大利全國，以及國外四個地區發生戰爭的結果，致使國家經濟連根基都為之動搖，我們從一般的觀點，都能了解這個現象的。祇是，歷史總是沒有提供足夠的資料給我們做詳細的說明。（摩姆占《大羅馬史》）

共有四百個都市遭到破壞。「戰後」比「戰爭」更讓羅馬受苦，人們道義頹廢，傳統良好的風俗敗落無遺。摩姆占說（同前揭書）：「光是阿布里亞，在一年（西元前一八五年）之內，就有七千人因為剝削的罪名而被判刑。這有點駭人聽聞，但我們的確能想像當時的情形。

雖然如此，戰勝國在氣氛上，有別於迦太基，表面上過得非常奢華。有位義大利史學家寫道：

第二次布匿克戰爭一結束，最早的公共澡堂立刻出現在羅馬。……同時，會做菜的廚師們開始要求非常高的報酬。他們並且以最高價格輸入希臘的酒，以及遠方國家昂貴的珍品……。在義大利任何地方，尤其是羅馬，到處可以看到東方的香水、巴比倫的地毯、黃金，以及鑲了象牙的家具。（《古代羅馬千年史》）

士兵一一凱旋歸來，不斷舉行豪華的遊行慶祝，主角當然就是降伏迦太基的史基比奧。西元前一九九年，也就是迦太基無條件投降的三年之後，他坐上羅馬元老院主席的位子。當時他才三十七歲。如此，羅馬與迦太基在「戰後」，就像在戰場一樣，靠這兩位將軍的雙手，各自開拓她自己的命運。

戰勝國併發症

戰爭可說充滿了諷刺。因為戰勝的人反而經常蒙受損失。歷史往往會證實日本的一句諺語：「輸就是贏」。

這是為什麼呢？打了勝仗，勝者就必須負起相當的責任和義務。還有，打贏一場戰爭，就會創造出一個新的局勢，而要給這個局勢一個新秩序的話，就會出現另一個敵對者。

而戰敗的人，除了為付賠償金及負其他的義務，有一段時期會比較辛苦之外，其他的一切責任都被解除。戰敗國只要集中全力於國家的重建工作就好了。而且，只要在一定的年限裡，盡了規定的義務之後就完全自由，只追求自己國家的利益就行了。迦太基奇蹟似的經濟復興，雖然來自於他們工作勤奮、熱心於商業活動，應該說也是由於這種「敗者條件」而達成的吧！

而這種情況，竟原封不動地出現在第二次世界大戰後的日本和德國。這兩國在這種條件下，完成了令人驚異的經濟復興，經濟不斷的成長。這全都拜這種「特權」之賜。相反的，戰勝的美國和蘇聯，卻背負著戰勝者應有的責任和義務，同時又為龐大的赤字及財政營運之苦。當時的羅馬也必須走上這條路。

羅馬和迦太基戰爭期間，其他的國家並非在旁觀戰。在這段時間，東方慢慢地重畫新的勢力地圖。巴爾幹半島上，希臘的城市之間不斷發生一些微震，震央在安提哥那（譯注：Antigonus，亞歷山大遺將之一）王朝時期的馬其頓(Macedonia)，在其東部，還有塞琉卡斯（譯注：Seleucus，亞歷山大遺將之一）王朝時期的敘利亞正在擴張勢力範圍。

當然，這兩國都是亞歷山大的遺產。除此之外，再加上埃及的托勒密（譯注：Ptolemy，亞歷山大遺將之一）王朝，在希臘世界形成三足鼎立的局面。但是，趁托勒密王朝衰退的機會，另外兩個馬其頓的腓力五世(Philip V)和敘利亞的安提歐克斯三世(Antiochus III)——秘密地訂下合約，要分割埃及海外的領土，而各自引發了軍事行動。

馬其頓的腓力五世攻擊希臘各城市，企圖統一希臘世界，一償宿願，進一步想把愛琴海諸島以及小亞細亞的柏加曼(Pergamum)王國，置於自己的勢力之下。另一方面，敘利亞的安提歐克斯三世則入侵巴勒斯坦，把敘利亞南部勢力納入手中。如此一來，當然會跟盤據整個義大利半島的羅馬起衝突。

羅馬因為與迦太基長期作戰，所以「戰後」非常困苦。而東方這些新的情勢，卻不容羅馬有片刻的休息。受到敘利亞和馬其頓等強國的震盪而驚嚇不已的小國，如柏加曼王國、羅得斯(Rhodes)王國等等，都派使者到打贏漢尼拔戰爭，且已成為大國的羅馬求援。

戰魔纏身的羅馬

戰勝國實在是有口難言。小國來求救，總不能置之不理。而且，如果對這些情勢發展充耳不聞，馬其頓和敘利亞的聯軍何時會把觸角伸到義大利半島就不得而知了。羅馬好不容易才結束一個戰爭，卻又不得不再跟這兩國發生對峙的局面。戰後不到一年，羅馬連喘息的機會都沒有，就對馬其頓宣戰了。

羅馬市民當然不願再戰，元老院也一致認為，現在這個時期，沒有必要把精力消耗在東方的事務上。但是，有位主張開戰的葛巴認為，災禍的芽苞必須及時摘除。如果失去這個時機，誰能擔保不會發生第二次漢尼拔戰爭？他的意見說服了元老院，羅馬終究又踏上了戰爭之途。這就是發生在西元前二〇〇年的第二次馬其頓戰爭。

羅馬軍雖然已經疲憊不堪，但還是很強大，而且司令官非常有才幹。在元老院主張開戰的葛巴在幾次會戰中，連連報捷，最後壓軸的，是接掌他的指揮權的佛拉米紐斯。決戰場在色薩利(Thessalia)的丘陵展開。馬其頓徹徹底底的打了一個大敗仗。

除了馬其頓原有的土地之外，腓力（譯注：馬其頓國王）被迫放棄以希臘為首的小亞細亞諸島上的所有領土。並且和迦太基一樣，吞下「沒有羅馬元老院的許可，不得從事任何本國之外的戰爭和外交活動」的條件而投降。

羅馬無意合併馬其頓支配下的領土或城市。她選擇了較具威信的做法：解放希臘各城市。這的確是個賢明的舉動。因為希臘各城市之間經常反目作對，造成許多紛爭。如果統治這些城市的話，也許會再捲入戰爭。元老院可能認為與其這麼做，倒不如對這些希臘城市施以小惠，拉攏他們，只要監視他們是否有反抗羅馬的舉動就行了。

然而，敘利亞王國仍未滅亡。在羅馬和馬其頓作戰的時候，安提歐克斯三世（由於他力圖恢復敘利亞王國的版圖，所以被稱為大王），一一地攻下小亞細亞各城市，最後他的影響力竟然及於希臘的愛托利亞。

以愛托利亞的城市為中心而結成的愛托利亞同盟，決定依附敘利亞，說服了安提歐克斯，策動他攻擊羅馬，大王接受這個計策，派一萬兵力在色薩利登陸，向羅馬挑釁。

如此一來，羅馬不得不應戰。馬其頓戰爭結束不到兩年，羅馬又再次動兵出征了。決戰場是以前希臘痛擊波斯的特摩匹雷。

然而，特意選此地為「關原」（譯注：日本岐阜縣不破郡的盆地；慶長五年〔西元一六〇〇〕石田三成敗於德川家康的戰場；引申為決定勝敗的關鍵處）的安提歐克斯，反而被羅馬軍打敗。敘利亞士兵四散逃逸，結果大王只剩條命逃往以弗所（譯注：Ephesos，小亞細亞西岸的古代城市）。羅馬又再次戰勝。當時是西元前一九一年四月。

「戰敗一身輕」的迦太基

當時，漢尼拔跟隨在這位安提歐克斯大王的身邊。他曾在色薩利出席作戰會議，商討特摩匹雷決戰的策略。然而安提歐克斯沒採用漢尼拔所提的戰略，所以才打了敗仗。

另一方面，策動羅馬軍擊潰敘利亞軍隊的人，是後來以極力主張消滅迦太基聞名的加圖（譯注：M. Porcius Cato，古羅馬的政治家、文人。第二次布匿克戰爭時活躍出名，倡導反迦太基政策）。漢尼拔與加圖！歷史，經常若無其事地安排這類的角色同時登上重要的舞台。

談到這點，讓我們再次回到迦太基看看。

敗給羅馬的迦太基，必須在苛刻的條件下重建家邦，但比起前面所描述的羅馬的苦難，她還算是比較輕鬆的。喪失伊比利半島及西西里、薩丁尼亞各島，還有非洲沿岸各經濟據點的失守，對她的經濟活動當然是一大打擊。然而，要是勉強擁有這些海外版圖，為了維持這些地方，就必須花很多精力在監視和防衛工作上。跟這些地方的居民發生衝突，也是一件苦差事，而且難保不會再捲入戰爭。

事實上，迦太基在漢尼拔戰爭之前，在這項工作上已經付出很大的代價。解脫這個「包袱」之後才發現，她們的經濟活動比以前更自由，貿易上也更沒有障礙。迦太基從很早以前就專注於商業，到處聚集財富，最後她之所以能再度成為經濟大國，漢尼拔國內的改革成功是很重要的因素，我們也不得不承認，這也是因為「戰敗一身輕」的緣故。

羅馬卻沒注意到這一點，反而一直認為經濟繁榮必須依靠強大的軍事力量，領土越多，對從商越有利。漢尼拔戰爭剛結束的時候，這種野心尚未完全表現出來——打贏馬其頓戰爭後，羅馬並沒有合併希臘本土或馬其頓本土，就可證明這點。但是，當伊比利半島銀山的銀礦不斷充實國庫，西西里和薩丁尼亞的農產品大量輸入，還有來自東方的木材及礦物資源，都加強了她擴張領土的慾望。

要計算這些得失是很難的，對羅馬來說，經濟和國家規模的關係完全是個未知數，羅馬只是走一步算一步，只憑當時的判斷行事，一直處於試探的階段。像這樣，以漢尼拔戰爭為界，負擔沉重的羅馬，以及一身輕的迦太基，兩者開始走向完全相反的道路了。

然而，命運終究是不可知的東西。中國哲人老子說過「禍者福所倚，福者禍所伏。」贊同老子思想的《淮南子》作者注說：「福即是禍，禍即是福，其變化深不可測。」

左右世界大綱的漢尼拔

漢尼拔的戲劇性和迦太基的命運，證明了這句名言、這個思想的真實性。不，我們應該說，歷史本來就是這樣安排人類命運的。日本人面對著剛戰敗的斷垣殘壁，誰會預想到日本今日竟然成為一個經濟大國呢？

如果漢尼拔在戰後馬上被羅馬處刑，那麼，迦太基是否能復興就不得而知了。但是，如果漢尼拔繼續擔任迦太基的領導人，國力恢復後再次向羅馬挑戰的話，迦太基可能又會陷入戰爭的泥沼。這麼說來，跟羅馬元老院相通的迦太基貴族，識破漢尼拔心中的打算，知道他暗中跟敘利亞的安提歐克斯結盟，準備向羅馬復仇，而告發他。這件事是禍還是福呢？這也是變化深不可測的。

對於漢尼拔激進的「民主革命」意識，原為迦太基特權階級的貴族當然抱著強烈的敵意。然而百人會大多數為漢尼拔派系，舊勢力根本無力推翻漢尼拔。迦太基貴族託付的對象，竟然是羅馬元老院。

根據條約的規定，迦太基必須將十四歲以上、三十歲以下的男子百人，送到羅馬當人質。這些人選都由史基比奧決定，大半是迦太基的貴族子弟。現在，在羅馬的這些子弟們，已經成為羅馬，同時也是迦太基貴族階級的重要情報人員了。

漢尼拔跟反羅馬勢力秘密聯繫的情報，能很輕易且正確地傳到羅馬的元老院，也是不難想像的。

這個情報是事實或是為了放逐漢尼拔而採用的策略，不得而知。但是，漢尼拔得知身陷險境之後，立刻離開迦太基，趁夜色逃到迦太基的母市提洛。再從提洛到小亞細亞的以弗所(Ephesos)，在那兒跟敘利亞的安提歐克斯大王會商。由此看來，他跟國外早已取得聯繫的可能性就很高了。

西元前一九五年夏天，羅馬的使者在迦太基上陸。說是使者，倒不如說是監察官來得恰當。迦太基當時因為與鄰國努米底亞王馬西尼薩發生紛爭，備感棘手，便向羅馬請求幫忙調停。為了調查這件事情，羅馬才派委員來的。但是，他們還有更重要的任務：暗中監視漢尼拔的動向，必要時不惜用暗殺的手段。

漢尼拔似乎早已料想到了，所以立刻往迦太基東部哈馬梅得灣的港都塔普斯斯，再從那裡乘船逃往提洛。目的地是敘利亞大王安提歐克斯的都城。世界上再也沒有人能像他這樣左右世界的大綱了。

成為經濟大國的迦太基，從此以後的走向，跟漢尼拔的命運可說是息息相關了。

第十一章 加圖

所謂「一代新人換舊人」，繼漢尼拔、史基比奧之後，歷史把迦太基交給羅馬的頑固男子馬克斯·波吉斯·加圖的手上。迦太基也因為他而嚥下最後一口氣。

西元前一八三年，漢尼拔服毒自盡結束了六十五年驚濤駭浪的一生。

他所依賴的敘利亞大王安提歐克斯，雖被稱為大王，可是實在是太優柔寡斷了。他不敢採用漢尼拔的作戰策略，在特摩匹雷的決戰中敗給羅馬，不但投降，還將小亞細亞拱手交給羅馬。

兩顆巨星同年殞落

羅馬早已知道，漢尼拔在暗中參與這個戰爭。戰後當然就要求對方把漢尼拔交出來。迦太基這位不屈服的將軍不得已又再次逃亡。他先往克里特島，但他知道必須提防克里特人，因為他們隨時可能向羅馬密告。有個傳言說，有人覬覦他的財產，想了很多計謀加害於他。

根據史特拉波或普魯塔爾格斯的記載，漢尼拔逃到亞美尼亞(Armenia)，亞美尼亞以前受安提歐克斯大王的統治，現在已獨立，受亞塔克西亞大王統治。漢尼拔到該王宮廷，他說為了抵抗外敵的侵略，必須蓋個堅固的首都，大王接受他的提議，委託漢尼拔設計，蓋了一個新城市叫做亞塔克西亞城。

地中海那時已被羅馬控制，只有小亞細亞北部，濱臨黑海一帶的比突尼亞王國一個地方不受羅馬的左右。當時，這個國家正在跟鄰國親羅馬的貝加蒙王國打戰。漢尼拔最後除了能投奔比突尼亞王普西亞一世之外，已別無選擇。然而，這個國王雖然收留他，卻沒能採納他的進言，結果，比突尼亞敗給貝加蒙，漢尼拔的命運也在此走到盡頭。因為羅馬向普西亞強硬要求交出漢尼拔。

漢尼拔此時已經是一隻「翅膀乾枯，再也飛不動的老鳥」了，被逼得走投無路。最後他說：「如果真的這麼堅持，這麼不顧一切地要我這個令人憎惡的老人死去的話，好，我就完成羅馬人的心願吧！」說完之後，便服毒自殺了。(高文《漢尼拔》)

另一個說法是，漢尼拔當時仍然打算亡命天涯。根據李維的記載，在他的房子裡，有七個秘密逃生口，有警衛隊保護，準備隨時逃命。

但是，追殺他的人最後團團圍住他的房子，使他再也無法逃逸。漢尼拔最後說了「我讓你們羅馬人從不安中解放出來」之後，便自己了斷生命。(《羅馬史》)

歷史確實充滿巧合，就在這一年，漢尼拔最大的競爭對手——羅馬的將軍史基比奧，也結束了他輝煌的一生。

掐死迦太基的頑固男子

在某種意義上，「戰後」所受的考驗要比戰時來得嚴厲。所謂「一代新人換舊人」，漢尼拔戰爭結束後，漢尼拔及史基比奧雙雄為之沉寂，另外一個掌握歷史動向的人物出現在羅馬的舞台上。那就是頑固男子馬克斯・波吉斯・加圖。歷史把迦太基的命運交在這名男子手中，迦太基也因為他而嚥下最後一口氣。

加圖不像史基比奧出身名門。他有著羅馬傳統的精神：勤勉忠實、意志力強，凡事身體力行，終於被一位羅馬的名門貴族，頗有勢力的瓦雷魯・福拉克斯所賞識推薦他進入政界，成為一位政治家。普魯塔爾格斯的《英雄傳》中，對他的形象描寫得很詳細，下面，我就參考他的說法，一一的為讀者介紹。

這個人是以加圖之名而聞名的，但人們以往都叫他波吉斯庫斯。在羅馬，人們把有經驗、學識豐富的人叫做加圖斯，所以波吉斯庫斯不知何時就變成加圖了。

他在鄉下長大，住在「祖傳的薩比尼人的土地」，年輕時代就精於辯論，「由於他在附近的村落或城鎮經常受人之託而辯護，剛開始他是個熱心的論客，後來成為家喻戶曉的辯論家」。他十七歲從軍，正值「漢尼拔乘勝把義大利燒為灰燼」的時候。他在戰場上勇猛善戰，經常大聲怒吼攻向敵人，因為他深知這種氣魄比武器更能嚇阻敵人前進。

他從戰場回來後，生活比以前更樸素，就是這種精神，被福拉克斯所賞識，並把他送到羅馬。這位加圖在羅馬時，所仰慕的是一位實力派的法比烏斯・馬克希姆。普魯塔爾格斯這樣寫著：

> 他（法比烏斯・馬克希姆）是當時名望最高、權力最大的人。加圖把他的人品及生活態度都奉為圭臬。他對於當時年紀尚輕、卻反抗法比烏斯勢力而被法比烏斯嫉妒的史基比奧，也是毫無忌憚的反抗他。

史基比奧一生的政敵

他一生都是史基比奧的政敵。當史基比奧到非洲，即將在札馬與漢尼拔展開決戰時，兩人的對立趨向表面化。史基比奧個性與加圖不同，他比較海派，對部下非常寬大，官餉絕不小器；與他同行的財務官加圖，指責他的這種作風是在浪費公帑，並厲聲責備史基比奧太嬌寵這些士兵，只會使他們士氣低落。史基比奧回答說，前線的士兵不需要凡事斤斤計較的會計官，他的任務是在打贏敵人，不在計算金錢。

被他這麼一說，加圖氣憤不已就回羅馬去，向元老院數落史基比奧的是非。他說：「史基比奧浪費金錢，而且在體育場或劇場裡過著少年般的生活，實在不適合率領軍隊，我說他就像在拜拜一樣，喧鬧不休，他竟然大聲斥責我。」於是元老院派護民官到非洲進行調查。結果由於史基比奧每戰必勝，所以大家也就默認了他的「過失」。

從這些事情看來，加圖比較頑固、重紀律，屬於計較型的。但是，他年輕時磨練的辯論術也很管用，加以生活樸素，於是漸漸地得到世人共鳴，慢慢地展現他的實力了。

他之所以能開始嶄露頭角，也是因為當時的羅馬——尤其是降服迦太基之後——戰後的風潮走向奢華、浪費、輕薄，羅馬人重視實質的風氣到那時候已完全改觀。不管在哪一個國家、在任何一個時代，戰爭都會使世間面貌完全改變，面對這種風潮，覺得痛苦難堪的便是加圖。普魯塔爾格斯說：

當時羅馬成為大國，再也無法保持以前的清純了，由於她支配許多國家，各種習俗雜存，並且引進各種生活模式，所以大家會對加圖另眼相看，也是理所當然的。……根據加圖現身說法，他從沒穿過一百多拉克（貨幣單位）以上的衣服，即使當了法務官或執政官，也跟當奴隸的喝一樣的酒，晚餐雖然會從市場買來三十阿士（貨幣單位）的肉吃，但這也是為了國家，是為了軍務才必須把身體照顧好的。

雖然如此，普魯塔爾格斯對加圖這種個性和作為並沒加以讚美。不，應該說反而批評他的頑固不靈，說加圖太過冷酷，責備他認為人與人之間只存在著利益。

但是，其他方面也有好的評語，他說他「克己的功夫令人折服」，當他擔任薩丁尼亞總督時，與前任總督作風大不相同。他嚴以律己，對別人也很嚴正，因而「對當地居民來說，羅馬的統治充滿前所未有的恐怖，但卻又令人敬服」。

當然，他也因此出現很多政敵。他經常被政敵告發，曾坐在被告席位達五十次之多，但每次都因為他的辯才得以平安無事。像這種官司一直持續到他八十六歲才停止。他透露心聲說：「生長在另一個世代的人，要向別人進行自我辯護，並不輕鬆。」他又說：「而且這還不是最後的一次訴訟。在四年後，我控告了歇維斯．葛巴，當時的年齡已屆九十歲了」。

拯救羅馬的監察官

在漢尼拔戰爭後的羅馬，這位頑固的政治家，就相當於日本江戶時代實施「享保改革」的將軍吉宗，以及斷然實施寬政改革的老中（譯注：江戶幕府職種之一，輔佐將軍，掌管全國政務者）松平定信的角色。再次根據普魯塔爾格斯的說法：

加圖讓一般人受苦最多的是對奢侈的限制。但大多數的人都已經為奢侈的習性所腐化，沒辦法完全禁止。於是他用了一個迂迴的方法，不論是衣服、車子、婦女裝飾用品、或日常生活要用的工具等等，規定每一樣如果買超過一千五百迪魯士（貨幣單位）的話，必須付十倍的價錢，而且人們消費越高，就要繳越多的稅。再加上每一千阿士得徵三阿士的附加價值稅（十阿士等於一迪魯士）。他企圖使這些受不了重稅的人，眼看生活儉樸的人與他擁有相同財產，卻只繳一點稅，讓他們覺悟而改去奢侈的習性。

這種政策當然不會受歡迎。反對加圖的聲音，越來越強。但是他當了十年的執政官之後，當上監察官。所謂監察官，根據普魯塔爾格斯的說法：「是所有榮譽的頂點，政治生涯的終點。」握有絕對的權威，他的職務是「監察風俗和人們的私生活」。用現在的說法的話就是，集最高法官和最高檢察廳長權能於一身，是為了「防止人們為追求快樂而破壞羅馬固有傳統生活的守門員、警告者、也是負責懲罰的人。由貴族及平民中各選出一名，因此，如果被發現有任何不法行為，不管他是多麼有力的議員，都會被元老院除名，誰也無法反對。

就這樣，加圖「大聲疾呼在政壇上必須威鎮不正人士，國家必須大掃除，並要求市民們若真要治病，不是找姑息病人的醫生，而是要找嚴格的醫生才行。」平民出身的他，以及貴族出身的瓦雷魯・福拉克斯兩人同時被選為監察官。

普魯塔爾格斯對於羅馬民眾會推選這麼嚴格的政治家為最高權力者的「偉大做法」，頗表讚美。羅馬市民在選擇領導人物時的確非常賢明。這也是造成羅馬根基穩固的原因。後來羅馬市民把加圖的銅像立在神殿裡，並刻有銘文如下：

> 即將傾國的羅馬，由於他當監察官，領導有方，思慮周詳，以及對市民不斷的教化薰陶，得以再次恢復正常。

竭力抵禦希臘文化的污染

漢尼拔於戰敗後君臨迦太基，打擊罪惡，掃除不公，以強硬的手段達到奇蹟似的經濟復興。同樣的，把戰勝國羅馬從享樂主義以及道德頹廢中救出來的，就是這位嚴格、不知妥協的執政官、監察官加圖。不管是戰勝國、戰敗國，在困難重重的「戰後」，負責掌舵的，一邊是漢尼拔，一邊就是加圖。

加圖最重視的莫過於羅馬注重實質且剛強堅毅的傳統精神。他深信，對降伏迦太基、制服馬其頓、征服西西里而成為一個大帝國的羅馬來說，最需要的就是健全的風氣，以及加強宣導這種風氣。因此他出來競選監察官，結果當選。

加圖最擔心的是，羅馬市民——尤其是年輕的一代，染上異國惡習，受外國文化洗禮，而失去羅馬人的自覺。說得直截了當一點，就是怕羅馬被希臘文化征服。很明顯的，加圖認為羅馬有羅馬的傳統文化，不能被希臘文化「污染」。

但是，放眼四周，他的周圍已充滿希臘的東西。羅馬靠武力壓制了希臘，但在文化上似乎反而受她的支配。因為任何一個羅馬人都會注意到希臘文化的。

曾經有幾位哲學家以使節的身份從雅典到羅馬。原因是有位雅典人在一次紛爭中受了不當的處置，他們來向元老院申訴。羅馬的年輕人，知道其中一位屬於學院派的雅典哲學家卡內亞迪斯的大名，便團團圍住他；用現在的說法就是「遠來的和尚會唸經」，跟著這位哲學家不放，每一位都想聽聽卡內亞迪斯的哲學理論。

普魯塔爾格斯寫說：「尤其是卡內亞迪斯的人品充滿了魅力」「大家對他的評語名副其實，，聲望很高，所以很多人趕去聽講，在羅馬市內引起一陣騷動，反應非常熱烈」。

尤其是年輕人比一般市民對他抱著好感，每個人都盯著他聽他演說。因為人們認為學習希臘知識是一件好事，尤其年輕人認為與其享樂，不如熱中學習哲學，才會受人歡迎。

只有加圖對這種風氣覺得非常不悅。並且在元老院責備政府官員說：「我們應該盡快解決使節們的問題，讓那些人（希臘的哲學家）回去他們的書塾，去跟希臘的小孩子說道理吧！我們必須使羅馬的年輕人像以前一樣聽從法律及政府官員的命令才行。」

然後又以通神力的預言家的語氣，大聲地對他自己的兒子說：「如果羅馬沉溺於希臘文化的話，國家就會滅亡。」

但是，這麼保守、愛國、注重國粹、比誰都頑固的加圖，卻晚節不保，讓世人留下話柄。這點也是普魯塔爾格斯說的，他說加圖身體硬朗，一大把年紀了，還接近女色，而且是年輕女性。也許是因為妻子早逝的緣故，他甚至跟年輕的女奴隸發生性關係，被他兒子發現，受了他兒子無言的抗議之後，竟然又強姦自己部下的女兒。

這次他兒子再也沉不住氣，激動地責備他父親，加圖卻用荒亂的語氣說：「我是為了自己，想要更多的小孩。想生像你這麼標緻的小孩。而且，為了祖國培養優秀的市民，是我的義務。」

迦太基可怕的復原力

話說戰敗國迦太基在這段期間，紮紮實實地走向戰後復興的道路。雖然失去海外領土，但貿易活動卻比戰前更加活躍，他們已經開始蓄積財富了。當然，戰敗後的痛苦仍然存在，最大的問題是，自己固有領土和鄰國努米底亞的紛爭一直無法了結。

根據和談條約（指與羅馬訂立條約）的規定，迦太基已被迫放棄本國之外的領土。但是，不管在哪個時代，總是會有國境劃分不清、造成一大堆問題的的情形。就連按自然條件，如河川或山岳那麼清楚的界線當國界，都會產生紛爭，何況是平坦的地形，像沙漠之類的地方，要用人為的方法決定國界的話，兩國的解釋及主張，都難免會發生衝突。而且古代又沒那麼精密的儀器可以測量。

迦太基在戰後不久，就是因為這個緣故，與鄰國努米底亞為了國界問題，發生很多紛爭。裁定兩個國界的人是史基比奧，他劃分的國界與現在不同，比較籠統。因此，努米底亞以此為藉口，隨意地擴大自國領土，一點一點地侵犯到迦太基的領土。

最早出現問題的是「加貝斯灣沿岸，肥沃的恩波亞里地區」（亞蘭・羅德《迦太基》），迦太基把這一帶當做是交易的基地，那時剛好是利用最多的時候。

那附近有個港都叫史法克斯。從名字看來，這裡可能與努米底亞王西法克斯有所關聯。但不管如何，對於加貝斯灣沿岸的幾個港口，迦太基與努米底亞各自堅持擁有主權，互不相讓。於是迦太基向羅馬的元老院請求裁決，而羅馬並沒插手這個紛爭。

不，應該說她實際上暗地裡巧妙的做了安排。至少她有這個嫌疑。迦太基奇蹟似的經濟復甦，而且比以前更積極活躍地在地中海擴張貿易，這對羅馬來說，絕對不是件令人愉快的事。所以，不用說要制止努米底亞侵犯迦太基的經濟基地，羅馬更想獎勵這件事呢！

雖然沒有確實的證據，但從羅馬前後的動向看來，羅馬很有可能從中煽動努米底亞王馬西尼薩，經常指使他侵犯迦太基的領土。羅馬沒理會迦太基的申訴，而任憑馬西尼薩愛怎麼做就怎麼做，這點就可視為證據。

但是，面對迦太基不斷的請求裁定，羅馬也不能一直視若無睹，至少在形式上也要派調查團到現場去聽取實際的情況。而擔任這個調查團團長的，不是別人，正是加圖——當時已屆八十一高齡的馬克斯・波吉斯・加圖。

羅馬的兩個大敵

普魯塔爾格斯記錄了這件事的前因後果：

加圖被派到交戰的迦太基人及努米底亞人馬西尼薩身邊，原是為了調查他們不和的原因。馬西尼薩本來就親羅馬這邊，而迦太基人自從敗給(大)史基比奧之後，訂下和約，喪失海外支配權及沉重的賠償金，使她非常懊惱。但是，當加圖到達這裡，看到這個國家並沒有像羅馬人想像中的遭受痛苦處於劣勢，這裡壯年男子衆多，充滿各種財富，各種武器及軍需品不虞缺乏，所以生活得一點也不沮喪。因此，他認為現在並不是羅馬出面調停努米底亞人馬西尼薩事件的時候，因為如果不趕快阻止羅馬昔日敵人、且對羅馬懷恨的迦太基，繼續以令人難以置信的速度坐大的話，羅馬將會像以前一樣，再次陷入危險的泥淖裡。

羅馬警覺到迦太基令人瞠目結舌的經濟繁榮，這並不是頭一次。一般認為加圖是在西元前一五五年左右到迦太基的。比這個早三十年以上的西元前一八七年，迦太基已向羅馬元老院照會，可以把五十年期限的賠償金全部付清，使羅馬方面大吃一驚。大家認為五十年也還不完的巨額賠償金，由於迦太基經濟復甦速度驚人，使她竟然在十幾年當中就能全數付清。

羅馬卻拒絕了迦太基的照會。羅馬認為不能那麼輕易地讓迦太基完成賠償義務，從此逍遙自在，因為直到那時，羅馬才警覺到迦太基的經濟能力，在驚愕之餘，更感坐立難安。後來加圖為了調停紛爭到迦太基，第一個目的可能是想目睹迦太基實際的情形。

威脅到羅馬的馬其頓王國、敘利亞王國，都已被羅馬制服，羅馬人最怕的漢尼拔也已自殺身亡，不在人間。羅馬剩下最後的不安，會再次出現在經濟不斷發展、令人不舒服的迦太基身上，也是必然的結果。而比誰都大聲疾呼、警告大家要注意迦太基的威脅的人，就是羅馬的老政治家加圖。

這個保守派的國粹主義者，厭惡希臘文化，他經常掛在嘴邊說，如果羅馬人受希臘文化洗禮的話，羅馬就會滅亡，他這種想法，在某種意義上，確實說中了羅馬的本質。因為羅馬腹背同時有兩個可怕的「敵人」存在。

一個是希臘的文化，一個是迦太基的經濟。羅馬雖然靠政治和武力擴充勢力，但是擴充的版圖中，所到之處，都根深柢固地充滿希臘文化。所謂的希臘世界已經把羅馬團團圍住——不，希臘世界的文化也已滲入羅馬內部了。儘管她再怎麼誇耀她的力量，文化的中心仍然不是羅馬，而是在雅典。所以，羅馬的市民才會狂熱地崇拜從雅典來的希臘哲學家。

在經濟上，比重則幾乎全在於迦太基身上。前面提過的義大利史學家這麼描述著：

迦太基雖然因為戰敗而不得不接受對她不利的結果，但是她在經商方面卻沒衰退。因為迦太基人在貿易上，比羅馬人來得機敏靈巧，所以她不在意戰敗後失去大國的地位，而利用所剩的資源和經商知識，使買賣關係比以前更加確實；為了保持地中海通商霸權，迦太基不斷努力，因而掌握了中部非洲到地中海全部的貿易活動。（G・費雷羅、C・巴巴卡羅《古代羅馬千年史》）

「迦太基必須滅亡」

加圖會對迦太基的經濟能力抱著像對希臘文化一樣的恐懼感，也是理所當然的。這個頑固的愛國人士目睹迦太基經濟如此繁榮，便急忙回國，根據普魯塔爾格斯的記載，他在元老院作了以下的報告，並且警告大家說：

「各位！我們必須注意迦太基了。對他們來說，戰敗雖然剝奪了他們的國力，但卻除去他們的無知。敗北不但沒有使她力量衰退，她們反而充份發揮從戰爭中得到的經驗。迦太基人不斷把努米底亞人當做紛爭的對象，其實是在向羅馬人抗爭，以前所訂的和談或條約，實際上都是為了等待戰爭再次爆發的好時機而搞的名堂。各位！我們必須小心謹慎地對待這件事啊！」

就這樣，致力於經濟和通商的商人國家迦太基，就像惡魔一樣，附在羅馬元老院最有實力的加圖身上——因為加圖把剩下的人生全部花在如何毀滅迦太基的事情上。普魯塔爾格斯活生生地描寫了當時加圖的行為。因為加圖徹底運用訓練有素的辯論術，到處宣揚迦太基的禍害。

他在元老院捲起上衣，在講台上故意把從迦太基帝國來的無花果實掉在地上。人們看到這個無花果都很驚訝，加圖說：「到處都看得到這種水果的地方，距離羅馬海路只要三天的時間。」在農產品上，羅馬根本跟不上迦太基。

加圖打從年輕時開始就對農業有研究。他還寫了《農業論》的著作。加圖一向認為農耕才是「適合王者的一種樂趣」。

在農業技術方面，羅馬落後迦太基很多。加圖目睹迦太基的果樹園和農田之後，一定頓足捶胸，感到懊惱不已吧！而農產品中的結晶，可說就是迦太基產的上品無花果。把農業看成「王者的樂趣」的，是蘇格拉底，加圖也同意這位希臘哲學家的看法。

於是，加圖後來說了他的名言。那就是可怕的口號"Delenda est Carthago"，意指「迦太基必須滅亡」。"Delenda"意指「必須除去的東西」。他到處不斷地宣揚這句話。

但是，也不是所有人都讚同他的偏激煽動。加圖的政敵普布里烏斯·史基比奧就提出反對的意見，他強調：「應該讓迦太基繼續生存下去。」因為他認為，像迦太基這種靠努力成為經濟大國的國家，應該生存下去，才會刺激羅馬發憤圖強。在任何時代、任何國家，總是會像這樣，有對立的意見存在。

然而，加圖比史基比奧更嘶聲力竭、大聲疾呼；史基比奧也遠比不上加圖固執。加圖不斷地重複這個說法，終於發揮功力，得到大眾的認同。

從此便決定了通商國家迦太基的命運。

第十二章　消失的城市

迦太基陷落後，燃燒的火焰持續了十七天，聽說大火燒完之後，灰燼積到一公尺深。就這樣，繁榮了七百年的迦太基，整個從地球消失無影無蹤。

軍事大國羅馬對於再次躍為經濟大國的迦太基感到焦燥不安。漢尼拔戰爭後，戰敗國迦太基雖然被迫無條件投降，戰後卻在享受經濟繁榮的成果。反觀戰勝的羅馬，在戰後，不管在財政上和貿易上，卻擔負著龐大的赤字。

猜疑變成確信

這到底怎麼一回事!?羅馬要為迦太基心煩到什麼時候?戰勝國受苦，戰敗國卻在享受。這種事情令人受得了嗎?

義憤塡膺，在羅馬元老院這樣大聲疾呼的加圖，最後能得到多數人的支持，也是理所當然的事。

要給羅馬留生路，只有一個辦法：消滅迦太基。加圖不斷地大聲重複的口號："Delenda est Canthago!"（迦太基必須滅亡），現在已成為羅馬的基本方針了。

但是，要怎樣才能把這個經濟大國消滅掉呢？迦太基政府對羅馬並沒有抱著敵意，不但如此，還如期支付賠償金，兩國的通商關係也越來越密切。現在還是羅馬最忠實的「同盟國」呢！他們確實履行條約，而迦太基元老院幾乎都是親羅馬派的。

羅馬不管這些，卻用猜疑的眼光看迦太基。在這個猜疑的內心裡，包含著對迦太基的繁榮所產生的羨慕、嫉妒、不安、憤怒、憎惡……所有的情緒在內。最後，漸漸地這些情緒變成威脅論調了。

在羅馬人當中，依然不能抹掉打了數十年、受盡煎熬的漢尼拔戰爭的痛苦記憶，「勿忘漢尼拔」的輿論，最後變成「迦太基必須滅亡」。因為，對方再次擁有凌駕羅馬的經濟能力，不曉得什麼時候，會再出現第二個漢尼拔。

本來羅馬人就很難了解迦太基人的個性，精明、狡猾、說謊，為了賺錢不擇手段，不知人生愉樂的工蜂，不只羅馬人這麼說他們，希臘人對他們的印象也是如此。像這種人有了錢，不知會做出什麼事。

這種猜疑，漸漸地變成確信。羅馬一直等待扼殺迦太基的時機。

迦太基要命的一戰

然後，動手的時機出現了。迦太基受鄰國努米底亞不斷侵犯領土，急得發脾氣，最後終於動用軍隊，跟努米底亞的馬西尼薩對決。

漢尼拔戰爭結束時，迦太基被迫全面解除武裝，只有保護自己的自衛隊能存在。這次，迦太基為了自衛，派哈斯德貝（漢尼拔的內弟）為司令官，討伐努米底亞。

這給羅馬一個絕佳的藉口。因為即使為了自衛動用軍隊，也必須與羅馬「事前協議」才行，而迦太基卻無視於這個協議的存在。

前面提過，努米底亞王馬西尼薩不法侵犯領土，可能是羅馬在暗中動的手脚。羅馬煽動馬西尼薩挑撥迦太基，硬把違反條約的責任推到她身上。有一點可以證明，那就是，迦太基控訴努米底亞不法行為，而羅馬元老院只當耳邊風，根本沒設法解決。只在形式上派調查團去看看，實際上調查團的目的，與其說是調解紛爭，不如說是去偵察迦太基國情。

迦太基征伐努米底亞的陣容非常龐大。根據阿庇安（擁有羅馬市民權，一世紀末的歷史學家。曾用希臘文寫《羅馬史》）的記載，哈斯德貝麾下的兵力有步兵二萬五千，騎兵四千。而馬西尼薩軍隊的主力是騎兵六千。馬西尼薩的陣營中，後來殲滅迦太基的羅馬年輕將軍史基比奥．埃米利安努斯（譯註 Scipio Aemilianus，擊敗漢尼拔的史基比奥．阿非利加努斯的養孫，又稱小史基比奥）從西班牙調了戰鬥用的大象到馬西尼薩的陣營中。湊巧目睹兩軍決戰。後來，史基比奥說，觀看這場會戰，就像觀看特洛伊戰爭的邱比特(Jupiter)和波塞頓(Poseidon)一樣。

這場戰鬥，馬西尼薩獲壓倒性的勝利。馬西尼薩雖然高齡八十八，卻仍然騎上無鞍的馬匹指揮全軍作戰。被追得走投無路的哈斯德貝，結果跟對方約定每年付給賠償金五千塔朗特，才得以解除危機，但是迦太基大半軍隊卻已呈潰滅狀態了。

這一戰，可說要了迦太基的命。因為這等於給了一直等待攻打迦太基的羅馬元老院一個很好的藉口。沒經「事先協議」，迦太基就動用軍隊，沒有羅馬的許可就去攻打努米底亞，這不就明顯的違反條約了嗎？羅馬便如此提出抗議和要求。如此一來，把經濟大國迦太基從地球上永遠抹殺掉的最後決戰——第三次布匿克戰爭，便在羅馬和迦太基兩國之間展開了。

屈辱再屈辱的和談

羅馬認為迦太基對馬西尼薩的「應戰」，是在向自己「挑戰」。馬西尼薩把兒子古魯薩送到羅馬，讓他向羅馬報告說迦太基已在進行對羅馬作戰的準備，如此一來，羅馬元老院更加緊張，立刻進入備戰狀態，並從義大利全國召來陸軍，集合船隊，枕戈待旦。宣戰，只是時間的問題了。

迦太基政府得知此事，驚愕萬分，決定處分動用軍隊的負責人哈斯德貝將軍及副官。迦太基並派特別使節到羅馬，說明整個事件的原委。阿匹亞諾斯對羅馬與迦太基的外交折衝有詳細的描述，在此次交涉中，羅馬充份發揮她冷酷的手腕。

對於一直努力解釋的迦太基使節團，羅馬元老院議員只回一句：「羅馬必須得到滿意的處置。」要怎麼做羅馬元老院才會滿意呢？迦太基使節摸不透羅馬到底是希望增加賠償金？還是希望迦國能讓出與馬西尼薩紛爭的土地給努米底亞？

所以，迦太基又再派新的使節，希望羅馬能正確提出她真正的要求，但羅馬的回答卻非常冷淡：「這種事，迦太基應該知道得很清楚。」事情發展到這個地步，已不再是交涉，而是脅迫、恐嚇了。

就在此時，位於迦太基西側，為迦國海上重要的貿易基地，也是絕佳軍事基地的港灣都市烏地卡，明知迦太基正受羅馬恐嚇得不知所措，狼狽不堪，卻向羅馬提出願意全力支持羅馬。

只要能拉攏烏地卡，就非常容易攻擊迦太基。羅馬充滿自信，立刻就向迦太基宣戰，同時派遣羅馬艦隊前往非洲。海軍總司令是馬基斯・肯索利努斯，陸軍參謀是馬尼利烏斯，兩者緊密合作，使八萬步兵、四千騎兵毫髮無傷地登陸烏地卡。

迦太基受到突如其來的宣戰而手忙脚亂，趕緊回國的使節，報告羅馬已經上陸的消息之後，迦太基全國跌入了絕望的谷底。要怎麼才能對抗強大的羅馬軍呢？跟努米底亞作戰已失去大半兵力，漢尼拔戰爭後的條約規定不能擁有任何船隻，簡直是處於赤手空拳的狀態；也沒有同盟能幫忙？要說關起城門抵抗，也沒作任何準備。剩下唯一可走的路，就是派謝罪使節團到羅馬，乞求羅馬原諒。

最後，使節一行抱著願意接受任何要求的決心來到羅馬。但是，羅馬元老院提出的條件實在太苛酷了。除了提出必須解散自衞隊，交出軍事物資之外，還要求在三十天之內送迦太基的貴族子弟三百人到西西里島當人質，在那兒交給羅馬的官員。如果照著做的話，就承認迦太基的存在。

然而羅馬對於交出來的人質安全、何時遣返等等，一點也沒有交代清楚。但迦太基除了吞下這顆黃蓮外，別無他法。三百個小孩立刻被送到西西里。阿匹亞諾斯描述了當時被帶上船的小孩子的雙親送船的混亂狀態，咬住船員不讓小孩被帶走的母親，跳入海中追著船隻的父親，整個港內充滿悲慘的景象。

迦太基：我們願意接受任何條件

當為人質的小孩們從西西里被送到羅馬。迦太基並沒注意到這個要求只是一種藉口。因為羅馬在西西里又命令迦太基的交涉團，若要避免戰爭，就得到駐守在烏地卡的羅馬司令部去聆聽別的條件。被逼得走投無路，覺悟必須「寧為玉碎」作絕望抵抗的迦太基，和占壓倒性上風的羅馬軍，展開一場史上罕見、戰況淒慘的第三次布匿克戰爭。與在前線的指揮羅馬司令官史基比奧同行的歷史學家波魯比奧斯，目睹部份戰鬥，曾做了一些片段的記載，詳細描述當時戰況的則是前述的阿匹亞諾斯。

他參考當時波魯比奧斯的記錄，活生生地描寫了羅馬軍殺到迦太基的城牆邊，用破壞槌把城壁敲掉一角，把堅守迦太基城池的軍隊——說是軍隊，其實只是包括一些婦女、老人、小孩的市民而已——趕到神殿並殲滅他們的情景。

但是，引發現代人熱心關切的，不是這些戰鬥的模樣，而是軍事大國羅馬，如何運用各種手段，逼得經濟大國迦太基走投無路，打一場無可奈何的戰爭，並且把她從地球上抹滅掉的整個外交(?)經過。

漢尼拔戰爭時，在札馬決戰戰敗的漢尼拔，接受史基比奧(阿非利加努斯)開出的投降條件的同一地點，羅馬軍又在那兒設了司令部。附近的烏地卡港，充滿了羅馬軍船，現在的制海權已完全被羅馬掌握。

當迦太基的代表團來到這裡的時候，羅馬元老院的議員，被護衛兵圍住，高傲地坐在高椅上，四面軍旗林立，充份威鎮迦太基的使節。接著號角吹響，指示迦太基代表團向前進，羅馬元老院議員說：「首先，我要聽聽你們的說詞。」

於是，迦太基代表團這麼辯白說：「我們已放棄以前擁有的海陸領土，失去在地中海的一切權利。我們把所有的軍艦都交給你們，之後再也沒造過一隻軍船，也沒飼養戰鬥用的大象，而且送上很多貴族階級當人質，也如期支付賠償金。迦太基忠實地履行前次戰爭所訂的條約規定，當時那個世代的羅馬人都感到非常滿意。從那以後，兩國在這個條約下友好相處，並結下同盟。

「但是，你們羅馬人卻說迦太基違約。我們到底違反了條約的哪項規定？你們什麼也沒說明，就突然決定要開戰，也沒向我們宣戰，就讓軍隊在非洲上陸。你們是認為我們怠惰支付賠償金？還是延遲提供船舶和大象，還是對你們不夠忠實呢？

「也許有人會說，你們不是跟馬西尼薩打仗了嗎？的確，我們對努米底亞之事是有所準備。但是，這責任在於馬西尼薩不法掠奪我們的財富。即使如此，我們也盡可能的忍耐；馬西尼薩卻不管這些，一點一點地侵犯我們的領土，這種令人無法容忍的暴力，才是致使我們做出破壞條約行為的主因。

「如果，這個對你們來說是向你們開戰的藉口，我們會把與馬西尼薩戰爭的責任者處刑。並且派使節到羅馬加以說明。之後，我們會接受你們開出的任何條件，所以，請至少給我們三十天的時間來處理。」

羅馬：我們要把迦太基連根拔起

聽到迦太基這樣辯白，肯索利努斯站了起來，這麼回答：

「現在還有必要一直重複我們宣戰的理由嗎？我們要說的，你們不是在迦太基使節團到羅馬時從元老院中得知了嗎？你們剛才說我們虛偽，說再多也會被我駁回去的。宣戰已公布得很明顯了。而且，我要在這個烏地卡說個明白，人質之外的條件，不是在西西里向迦太基通告過了嗎？

「如果迦太基打從內心期望和平的話，為何迦太基還需要武力呢？來吧！現在馬上降服我們，把你們準備好的所有武器，都交出來吧！」

聽他這麼說，迦太基代表反問他：「如果哈斯德貝叛亂，攻向我們，那該怎麼辦？」

羅馬元老院議員說：「這個交給羅馬軍來負責，我們已經跟他說好要把武器交給我們了。」

事實上也是如此。羅馬軍那時已經收押了哈斯德貝麾下的迦太基軍隊的艦甲，無數的標槍、投箭，以及二千支弓，並運到羅馬陣營中了。

羅馬總司令官肯索利努斯斜眼看了這些武器後，做下最後的宣告：

「迦太基人啊！人質與武器的繳交，到此已經完成，我們對此也沒什麼可說的了。但是，還有尚未交代的，有一個條件，希望你們冷靜地服從命令：迦太基必須把居住地最少向內陸推移十哩。因為我們已經決定要把迦太基的城市整個連根拔起了。」

迦太基：請留下我們的城市

這是多麼冷酷無情的要求啊？迦太基人聽了之後驚愕萬分，手抓頭髮，痛哭了起來。那種哀愁悲歎的情景，令人不忍卒睹。世上還有更悲慘的事嗎？

羅馬人雖然被他們的狂亂嚇了一跳，但還是靜靜地等待騷動過去。因為羅馬人很清楚自陷絕望的人會做出不顧一切的事。

迦太基人搥胸頓足歎息不已。最後還是恢復平靜。他們也意識到自己事到臨頭，已被置於赤手空拳的情況下。他們該怎麼面對羅馬無理的要求呢？他們哪裡還有武器、哪裡還有船隻呢？

迦太基現在已形同裸體，被羅馬團團包圍住，後面不是還被馬西尼薩軍控制著嗎？最重要的是小孩子也被扣為人質，迦太基還有同盟軍嗎？她連戰鬥員都聊聊無幾了。最後的希望全部寄託在羅馬的情字上了。迦太基必須開口，引發羅馬的正義感，讓她撤回這個要求才行。

迦太基代表團中的班諾鼓起勇氣，要求再發言一次：

「我們迦太基人以前是非洲全地中海的支配者，一直與你們羅馬爭此霸權。但自從敗給史基比奧（阿非利卡努斯）之後，我們放棄了一切，戰艦、大象，也停止所有的軍備。而且如期付清賠償金，我們不是已經盡到責任了嗎？從那以後，羅馬與迦太基結下友好關係，希望你們能回想我們一起向神發誓願結為同盟國的事。

「我們沒破壞任何一項條約。我們哪有軍艦？哪有飼養戰鬥象？不但如此，我們不是也加入羅馬勢力，支援對抗侵擾羅馬的三個王國的戰爭嗎？我相信羅馬人的個性和守法的習慣。你們已明言，只要我們送出人質，就會保證迦太基存在，可是，現在又說要把迦太基破壞掉。這是違反約定的呀！

「你們說會給我們其他的居住地。如果有心如此，我希望你們把迦太基市中心給我們。迦太基是我們按神的指示而建的都市。希望你們不要從我們這裡搶走這份榮耀，也不要挖去死者的墳墓。這些一點也傷害不到你們的，對我們而言，最重要的是城市的廣場、神殿、以及從很早以前一直住到現在的生活空間。

「如果，要我們遠離海洋，那麼靠海洋生活的人，要怎麼辦呢？

「從希臘開始，很多國家都經歷過戰火。羅馬人啊！你們到今天也經歷過許多戰爭。但是我卻沒聽過對方在戰鬥之前就願意投降，卻還要把對方的城市徹底毀滅的例子。我們希望羅馬不要破壞了以往的公平記錄。

「如果你們仍然要破壞迦太基的話，至少讓我們再送一次使節到羅馬。即使你們因而慢點達到目的，對你們而言，這並不會造成什麼障礙。怎麼樣？希望你們站在人道的立場來考慮今後的做法。」

羅馬：把海交給羅馬吧！

肯索利努斯聽著迦太基代表肯切的申訴，嚴肅的表情一點也沒改變，一點也不退讓。他當然會如此，因為羅馬從一開始就打算要把迦太基整個毀滅掉。

為什麼呢？因為羅馬實在太懼怕迦太基的存在了。不是怕迦太基的武力侵犯，而是她的經濟侵略。敵視迦太基的羅馬元老院背後，當然有羅馬的商人或金融業人士在支持。如果放任迦太基不管，羅馬的財產都要全部被他們奪走的。更何況，經濟大國不曉得何時會變成軍事強國呢！危險的芽苞必須及早摘除。

最重要的是必須封鎖迦太基的經濟活動。而要抑制她的通商活動，就必須把迦太基這個港灣城市給處理掉。這個才是羅馬的企圖。

肯索利努斯為羅馬的企圖做了以下的辯白，他說：「我沒有必要在此重複元老院的命令，布告一經發出，就必須付諸實行。我們沒有權利讓元老院的命令延期。我們並無意與你們為敵，動用武力。如果能夠的話，我們可以商談後再辦事。

「關於我們的要求，我要說明一下理由。也就是有關海的問題。說到海，就會令迦太基想起以往的支配。海誤導了迦太基，使迦太基陷入這麼不幸的深淵裡。海使你們入侵西西里島，所以現在才會面臨被奪回去的命運。你們好好的聽著，海就像商人的利益一般，以為今天賺大錢了，結果第二天就賠得光光的，海就是這麼回事。……海帶來災害的。

「比起這個，內陸的生活就好得太多了。那裡有務農的愉悅，生活安靜又安定。或許由農產品所得的利益沒有貿易商人來得多。但是，存錢穩定，安全多了。實際上，海上貿易都市就像船，搖擺不定，我認為這個遠不及平穩的大地來得安定。對，海的城市就像波濤搖晃，會掀起人生的大波瀾的。而內陸的都市受大地保護，能享受平穩的日子。所以，自古以來，大國的都城都設在內陸。亞述如此，波斯也是如此。其他的，實在是不勝枚舉。

「如果迦太基真的從內心想與我們羅馬人和平相處的話，你們就應該以擁有非洲內陸的土地而滿足，你們應該用行動來示誠意。不管怎麼說，反正你們得移到非洲內陸。終歸一句話，放棄海洋吧！往後也別想要支配海權，把海交給羅馬吧！

「雖然我們說要破壞你們的城市，但不會連墳墓都挖掉的。如果有人願掃墓，我們也會接受。如果你們想給寺廟供祀牲品祭品，我們也能同意。但，其他的東西，我們全都要毀壞掉。你們不也可以在新的內陸居住地重新蓋廣場或寺廟嗎？

「我再重申一次，羅馬處理這件事，絕不是出於惡意而是基於雙方共同的安全考慮。你們說如果移到內陸，靠海生活的人就會發生困擾的情形，我們也充份考慮到。我們也不是要求你們要移到離海很遠的地方。我們只說至少要離岸十哩，如果你們想在海上交易，這個距離不是很快就能到海邊了嗎？只要你們退到這個距離，要住哪裡隨便你們。如果住處決定了，你們就可以在那個城市，按照迦太基的城規，自由自在地生活了……。」

從地球上消失的國家

以上是我根據阿匹亞諾斯的記載，詳細地介紹第三次布匿克戰爭前夕羅馬和迦太基雙方的主張。當然，沒辦法證明雙方就是像我寫的一般進行議論，其中或許有摻入阿匹亞諾斯自己的推測或歷史觀。但至少，從這個文獻中我們可以了解到，一世紀末，生長在羅馬帝政時代的一位歷史家對布匿克戰爭的觀感，而且也能夠知道羅馬人的政略、外交、戰術、生活觀、以及世界觀，甚至於他們的心理。

我已重複過好幾次，羅馬與迦太基的對決，是軍事大國與經濟大國間的衝突。也是政治國家與商人國家間的傾軋。雙方的說詞充份表現在羅馬司令官肯索利努斯和迦太基代表班諾所提出的主張中。

我認為第一次到第三次布匿克戰爭的真相，不在於他們怎麼打鬥，而是神秘地存在於這兩國的交涉過程中。羅馬的理論和迦太基的思想發生衝突，也可說是政治力學和經濟觀念發生相剋的情形。這就是到今日世界機能仍然存在的向量（譯注，Vector，指由一點移到別點的變位，或是對物體會產生作用的力、速度、加速度或磁場等等，以長度或方向來計算的量）作用。

迦太基如何能接受肯索利努斯的理論呢？這當然是令人無法接納的說詞。代表團回到迦太基，衡量如何應付羅馬的要求。羅馬這種要求，對任何一位迦太基市民來說，都不可能會接受。一再讓步，使羅馬得寸進尺，才會向他們下達這種命令。民眾個個心情激昂，憤怒不已。

說什麼得遷移到內陸！說什麼要破壞迦太基！這不就等於說「迦太基，你給我死！」一樣嗎？反正死是難免的，那何不「寧為玉碎」，戰到最後的一兵一卒呢？這種對羅馬的憤恨不平，使迦太基全國團結在一起。市民們決定困守城池，狂瘋般地準備作戰。

被判死刑的哈斯德貝，又被取消判決，負責從外側防衛迦太基，市民則日以繼夜地製造武器，女人也剪下頭髮，交出去製造箭弩。羅馬的三十天期限，是他們唯一的希望。

如此一來，最後的決戰即將開始。阿匹亞諾斯對這場戰鬥亦有鮮明的描寫。這場戰爭，比起西元前七〇年，猶太人在耶路撒冷被羅馬將軍提特司包圍，作決死的抵抗的猶太戰爭，一點也不遜色，是一場無比壯烈的戰鬥。

打從開始我們就知道這場戰爭的結果，羅馬為了攻陷頑強抵抗的迦太基，養精蓄銳三年之久，最後迦太基終於被滅亡。

迦太基陷落後，燃燒的火焰持續了十七天，聽說燒完之後，灰燼有一公尺深。羅馬軍剷開這些灰燼，撒鹽在上面（請參考卷頭插圖）。就這樣，繁榮了七百年的迦太基，整個從地球上消失得無影無蹤。

第十三章 教訓

迦太基這個經濟大國的悲劇，留給後人的只有一份遺書——一份用親身體驗寫下的歷史遺言。在這份遺書裡，一定用鮮血寫下了「人類不能只為金錢生存下去」的教訓。

我們不是要學歷史，而是要從歷史中學習。學歷史的目的，就是為了從歷史中學到東西。因為我們再怎麼復原過去的事情，把它記在腦海裡，如果這事件與現代的我們沒什麼關聯的話，這些努力就變得毫無意義可言。歷史的意義，在於「過去能給現代什麼啟示？」除此之外，沒有別的意義。

過去能給現代什麼啟示？

當然，為了達到這個目的，就必須徹底地用忠實、客觀的態度，把過去挖掘出來。因為對事實認識錯誤，只會造成錯誤的判斷。歷史學家傾其全力評斷史料時，總是自我警惕避免私斷和隨意增加其代表的意義。這些都是因為他們恐怕這種價值判斷會蒙蔽事實。

認識歷史的最後目標在於如何解釋過去。如果忘了、或放棄這個觀點，歷史就變成只是一些陳列在一起的事實罷了，我們也無法從歷史中學習到任何教訓。歷史，可說是人類經驗的累積，能從這些經驗中學習、並善用這些經驗才是聰明的人類。

所以，我們必須對二千多年前滅亡的「經濟大國」的命運重新評估，它不只是過去的史實而已，我們應該要把它視為一種教訓：我們從迦太基的灰燼中學到什麼？得到什麼？我重新把這些問題放在腦海裡，決定造訪這個古代戲劇最後一幕的舞台。

我前面說過，迦太基燃燒了十幾天，所有的東西都成灰燼，灰燼高達一公尺。這個國家，只是一味地專心做買賣、存錢，而成為經濟大國，卻為了這件事而成為灰燼。她造成羅馬不安，引發憎惡之心，最後在這個軍事大國的血祭中結束她的生命。建國以來，她的生命延續了七百年。

在這七百年當中，迦太基並不是一直過著安定的生活。隨著她商業的擴張，在各地引起紛爭，這些紛爭最後發展成與羅馬的對決。紛爭的原因，全都是因為經濟上的利害衝突，這簡直就是追求財富造成的。因為這個緣故，迦太基和羅馬打了三次仗，最後一次使她從地球上消失。

決定迦太基命運的，可說是對財富貪得無厭的欲望，但也不全是這個原因。那麼擅長交易、商業技術超人的迦太基，只有一件事沒做好：她根本不想從過去的經驗中學習。她們並沒有記取歷史的教訓。

三次布匿克戰爭就是最好的證據。迦太基和羅馬作戰根本沒學到什麼，也許她的戰術進步了，可是卻沒有尋找出一條避免戰爭、繼續繁榮的道路。因為他們根本沒想過自己國家的經濟利益會引起他國什麼反應，又會造成什麼樣的結果。

第一次布匿克戰爭從西元前二六四年開始打了二十四年，被稱為漢尼拔戰爭的第二次布匿克戰爭，在二十三年後的前二一八年開始，持續了十七年，第三次的戰役，又發生在五十二年後的前一四九年，激戰四年的結果，迦太基終於被毀滅。

而羅馬在這段期間，卻牢牢地記取歷史的教訓。對經濟大國迦太基，最初只要求苛刻的賠償金，後來強迫她無條件投降，最後又採取了殘忍的手段把她滅亡。因為再怎麼打擊迦太基，她都能完成奇蹟的經濟復甦，阻礙羅馬的生存。羅馬怕的不是迦太基的軍力，而是她的經濟實力。羅馬再怎麼靠軍事擴展疆土，最後都會被迦太基的經濟市場吞噬，使羅馬從脚跟崩潰。這種恐懼和氣憤，終究決定了迦太基的命運。

迦太基最後的六天

我在前章提過，迦太基最後落得淒慘無比。在史基比奧・埃米利安努斯（小史基比奧）的指揮下，羅馬把迦太基趕到比魯薩之丘，將他們完全包圍。十萬市民全力在那裡作誓死的防衛戰。沒有艦隊、也沒準備武器，等於是赤手空拳的迦太基竟然跟羅馬抵抗了三年。對此，阿匹亞諾斯感到驚訝不已，饑餓和疾病卻比羅馬的攻擊使他們受煎熬。有人推測迦太基原有二十萬市民，已死了一半，而且生者大半都處於半生不死的狀態下。即使如此，迦太基也沒放棄抵抗。最後，死亡的時刻終於到了。

羅馬軍不斷縮小包圍圈，最後終於攻破城壁一角接著攻破第二道城牆。從那裡魚貫而入的羅馬士兵，所到之處，格殺勿論，最後追擊到設在比魯薩的城寨。以下，我再借一下阿匹亞諾斯的描述。

從城市的廣場到丘陵有三條路，每一條路的兩邊都蓋滿了六層樓的房子，市民們從這些房子裡面向羅馬士兵扔磚頭石頭，抵抗他們。但過了幾個小時之後，羅馬兵占據了建築物的一角，以那裡為基地，一間間地破壞毗連的房子，以制壓他們的反抗。他們在占領的兩側房子中間像架橋一樣架上板子，不論是在屋頂、地上、狹窄的路上，只要見到人，都無差別地格殺勿論。

大街小巷中，充滿人們悲鳴、慘叫、呻吟、痛苦的聲音。這幕猶如地獄般的慘狀，真令人無法想像。然而，這些還只是序幕而已，接著羅馬兵四處放火，無情地吞噬了這些並排的街市。火在一瞬間就延燒開來，被煙嗆到、身子被火燒著逃到屋外的市民，不管是老人、小孩或婦女，都被羅馬士兵用劍一一的刺死；還有逃回自己家中被燒死的市民，更不計其數。

狹窄的道路馬上滿堆著屍體。羅馬的工兵隊用斧、鎬、勾子等東西，把這些犧牲者，不論死活，都剷到冰溝裡，以清掃地面。接著羅馬軍隊通過這裡。再也沒有其他的屠殺像這個城市一樣令人慘不忍睹了。阿匹亞諾斯雖然仔細地描寫了當時的情景，但迦太基最後六天的慘狀，就交給後者去想像了。

十萬市民有一半被殺掉。剩下的五萬人逃到比魯薩的城寨去，困在那裡。現在不是投降，就是寧為玉碎，除此之外，別無他法。羅馬軍緊追不捨，指揮迦太基軍隊——其實這時已不能再稱為軍隊了——的哈斯德貝，最後終於聽天由命，向羅馬投降。阿匹亞諾斯這麼寫著：

覺悟到無法再抵抗下去的哈斯德貝，舉著橄欖樹枝（跟舉白旗同義），偷偷地到史基比奧的陣營投降。史基比奧命令哈斯德貝跪下，並押給拒絕投降的迦太基人看。迦太基人看到之後個個對哈斯德貝破口大罵，並放火燒神殿後，也投入火中。火開始蔓延的時候，哈斯德貝的妻子，在史基比奧面前讓自己的小孩站在身邊，對著丈夫大聲責罵：

「你這個不知廉恥的賣國賊，沒有志氣的男人！我與小孩子們會光榮地葬在神殿的火焰中。而你這個迦太基的領導人，你準備用這種姿態來裝飾羅馬的勝利嗎？你以為你跪在那裡，就不會受到那個男人（指史基比奧）的處罰了嗎？」

說完，她親手把小孩丟入火中，自己也消失在神殿的火焰中。

受咀咒的土地

戰鬥——不，應該說是屠殺——終於結束了。但是，包圍迦太基的火焰，帶著令人恐懼的聲音持續燃燒著。當時，一定沒有人聲，周圍一定一片死寂的沉默。阿匹亞諾斯描寫說，面對著燃燒起來的火焰，史基比奧不禁掉下眼淚，流著淚，為即將滅亡的敵人的命運哀悼。

史基比奧沉默了一陣子。他可能在感歎盛者必衰的命運吧！曾經盛極一時的特洛伊、亞述帝國、美狄亞（Mēdeia）王國，還有波斯及最近的馬其頓，不是都跟個人的命運一樣，註定要衰亡、毀滅嗎？史基比奧不覺口中念出荷馬的一段詩：

「總有一天，那個日子終會來臨。特洛伊，特洛伊王普里亞摩斯，以及他帶領的士兵們消失得無影無蹤的日子，終會來臨……」

根據當時在史基比奧身旁的波魯比奧斯的說法，史基比奧拿這樣的命運來比喻自己的國家羅馬。

經濟大國就這樣完全從地球上消失了。當時是西元前一四六年。有五萬人隨哈斯德貝向羅馬軍投降，但幾乎全為老人、小孩、婦女。史基比奧不是把他們處死，就是叫他們當奴隸，簡直是史無前例、慘絕人寰的做法。

即使這樣，羅馬元老院仍然不放心。元老院派了十個議員到迦太基，為了除去後顧之憂，跟史基比奧商討今後如何處置非洲。十位議員命令史基比奧「迦太基不可留下一草一木」，指示他必須完全破壞、完全殲滅她。他們用鋤頭剷開堆積在地面的灰土，在上面撒下鹽巴，這是為了不讓迦太基再次復活。不讓農產在此生產才舉行的詛咒儀式。

儀式結束後，元老院的議員公布說「不准任何人住在這塊土地上。」「如果有人住在這裡，他們必受詛咒」。又宣佈說：「親迦太基的都市，全都要破壞無遺。」他們準備斬斷所有的禍根。

從這些殘忍的處置來看，我們可以知道羅馬是多麼懼怕迦太基的經濟能力呀！

另一方面，羅馬對於支援羅馬、誓言對羅馬忠誠的都市，都毫不吝惜地分給他們領土。提供羅馬軍基地的烏地卡和希波（比塞大），都得到迦太基很廣的土地做為報償。史基比奧·埃米利安努斯（小史基比奧）在處理完這些戰後工作後，光榮凱歸羅馬，並集空前的榮譽和報酬於一身。

這是件多麼光榮的事啊！他向打敗漢尼拔的第二次布匿克戰爭的英雄，應算是他的祖父史基比奧看齊，這位埃米利安努斯也得到「阿非利加努斯」（譯注：意指阿非利加（即非洲）的征服者）的封號。

從「地中海女王」到化為灰燼

被稱為「地中海女王」，靠經濟能力君臨當代的國家，竟然被消滅得寸草不留，原因全在於她的經濟活動，在於對財富的貪得無厭。而且，她的本國只不過是突出地中海的一個小小的邦角而已，這麼小的國家竟然獨占了世界的財富——與其說羅馬對她抱著恐懼的心理，倒不如說她心存懷疑，無法忍受。

為什麼迦太基人善於做生意？為什麼他們能不斷地席捲各地市場？羅馬人認為這是因為迦太基擁有地利造成的，她佔領的土地才是因素。也許羅馬除了這麼想之外，再也追究不出其他的原因了，所以才會認為必須把迦太基毀滅掉。羅馬元老院之所以會決定要把所有的東西燒掉，把那裡變成「受詛咒的土地」，不讓任何人再利用它，也是基於這個觀點。

從現代的眼光來看，羅馬給迦太基下的「最後通牒」，並不是那麼的突如奇來的。羅馬提出的「只要退到內陸十哩的地方，都市要建在哪裡都可以」的要求，並不是那種令對方生氣、逼迫對方的無理難題。羅馬人一直深信迦太基所占的「地點」才是威脅雙方和平的因素。這點可由我前章詳細介紹過的羅馬司令官肯索利努斯和迦太基代表班諾之間的交涉中，看得很清楚。

如果羅馬為了迦太基擁有財富而生氣，那麼與其滅掉迦太基，倒不如採用賢明的方法，支配他們，叫他們工作，課重稅吸收利益就可以了。或者，羅馬取代迦太基，占領那塊土地，充份利用地利即可。可是，羅馬並沒有這麼做。羅馬在這裡立了一塊「禁止進入」的石碑，誰都不准使用它。羅馬怕的，其實是迦太基這塊「受詛咒的土地」。

那麼，這塊禁忌之地後來怎麼了？阿匹亞諾斯最後加上了引人入勝的「後日譚」。

迦太基滅亡二十三年後，護民官蓋烏斯・格拉克斯（史基比奧的義弟），在羅馬欠缺小麥、全國騷動的時候，決定在非洲開拓農業，設立殖民地，便派了移民團六千人到迦太基附近的地方。負責開拓的人雖然劃分了農地，但界線的標識卻被野狼啃掉，沒辦法定案，只好拔營回國。

之後又過數十年，凱撒追擊龐培（Gnaeus Pompeius Magnus）到非洲，在迦太基遺跡附近紮營。聽說當天晚上他夢到全軍都在哭。於是他決定必須在迦太基殖民，建立新的都市，並且把這個宗旨寫下備忘。但，阿匹亞諾斯寫道，直到凱撒在羅馬被暗殺，人們發現他的備忘之後，迦太基才被重建。為了避免迦太基作祟，新都市建在離原來的地點稍遠的地方。

從這些軼聞當中，我們不就可以充份了解羅馬是多麼懼怕迦太基這塊「地」，多麼想詛咒它。

地點是命運的指標

「地點」的確是命運的指標。一個民族選什麼樣的地方當生活的據點，便會決定那個民族的歷史。如果迦太基的地點不是夾著西西里島與義大利半島相對的話，可能也不會成為羅馬的宿敵。非洲地中海沿岸有無數的良港。如果他們把迦爾德·哈達斯特（意為新城）建在靠西邊一點的話，整個世界史又是另一番景象了。

或者，迦太基遵從羅馬軍司令肯索利努斯的命令，不住在海邊，移往內陸定居，成為一個農業國家，保住自己的生活範圍的話，也就不會招致他國的羨慕或憎恨。實際上，勤奮又有才能的迦太基人，也下了工夫學習農業技術，使它蓬勃發展。有位史學家這麼描述說：

迦太基從農耕或酪農上得到財富，不光是受惠於地理條件，也是因為他們熱心研究農業技術的結果。希臘人和羅馬人都知道用迦太基文字寫的農耕和育種的書籍，也常引用它。其中有名的是馬果的著作，由二十八卷構成，也被譯成希臘文和拉丁文。馬果不只撰寫農作物或果樹、家畜方面的東西，農業方面也有所研究。

如果這本書籍完整地留傳下來，我們就可充份地了解迦太基農業的狀況。很可惜的，我們無以得知迦太基人如何釀造葡萄酒，以及擠絞橄欖油的具體方法，但不管如何，他們確實擁有高度的技術水準。（J. Toutain《古代的經濟活動》）

迦太基靠這些高度的農業技術，充份地供應國內的需要，也有不少農產品輸出。

製造業方面也很發達，其中最出色的是受母市提洛之託造船，其技術堪稱世界第一。這點從他們留下的船塢（參照卷頭照片）的規模就可看得出來。

他們從非洲（也許是亞特拉斯山地）砍伐造船用的木材，製造繩索的原料則由西班牙取得；她也大量生產金屬製品、斧頭、鐵槌以及刀子、鋏子、熨斗、鐵鍬等工具；貴金屬製的精細工藝，如裝飾品、紀念章、寶石等物品，也都能引起他國的購買欲，不過主要的輸出品聽說是陶器，他們把水瓶、洗臉盆、壺、酒杯、盤、碗、燈等日常用品，不斷地裝到船上，運到地中海世界各地去賣。

以商業興，因商業亡

雖然如此，從這些製品當中，卻找不到獨創性的東西。大部份都是模仿埃及和希臘的製品。但他們的功績在於，他們能夠大量且便宜地製造這類產品，並且流通到各地。也就是說，迦太基是流通物品的專家，可說是不折不扣的商人。他們最大的武器就是大量的運輸工具和船隻。

然而，一個國家靠經濟繁榮起來，仍然有她人為的因素。他們的基礎就是教育。現代我們講求尖端科學、技術教育，在二千年前的地中海世界，能充份發揮力量的，便是商業知識。最熱心鑽研這方面知識的，就是迦太基人。

前記的作者如此描述「迦太基對年輕人的教育」：

首先，必須培養他們對到遠方工作的熱忱，以及訓練商場上的機敏度，對金錢的執著，對財富熱情追求的欲望，充滿韌性的才能，即使處於不利的情勢，也能保護自己利益的政治上的判斷力，對於強者不忘遵從，對弱者則不必講情，可用傲慢的態度對待。羅馬的作家稱他們為「布匿克人的誠實」，一定是想誇大迦太基人的缺點，但迦太基人受人討厭也是事實。希臘人對他們嚴厲的批評也不輸給羅馬人。（同前揭書）

人們對於別人賺大錢的事，一點也不會高興，不但如此，還會把羨慕、嫉妬、甚至於殘酷的評語加諸於很會鑽營的人身上。所以會做生意的迦太基人，一定得不到好的評語的。

迦太基只是從政治、以及商業利益的觀點來營運整個國家。

對迦太基來說，商業是他們生存的唯一目的，也是人生的目標，且是判斷所有事務的基準。最後，也是商業奪走了迦太基的生命。

前記的史學家最後一針見血的提出：

迦太基的歷史清楚地反映了文明的淺薄和脆弱。也就是說，他們為了獲取財富開出一條血路，除了經濟上的力量之外，他們根本沒設法努力追求政治上或知識上以及倫理上的進步。

迦太基的遺體

我去過迦太基的比魯薩之丘三次，第三次造訪這裡，是在乍暖還寒的三月初。當時天氣異常寒冷，晴時多雲偶陣雨，偶爾有微弱的陽光，天氣一直變化不定。

每次來，迦太基遺跡的挖掘工作都有進展和整理，以前完全沒有蹤跡的迦爾德·哈達斯特（迦太基）開始在地面上展現她的容貌了。

從比魯薩之丘下面挖出來的是富商們的住宅，每家有一個角落放置橄欖或葡萄酒甕，占地並不大，但是地板都用馬賽克裝飾，每個房間裡一定有些象牙細工藝品、希臘式的壺、或神像等東西。現在只能看到外壁的一部份以及屋內隔間、井戶、貯水槽而已，但光是這些，就可以想像得到二千年以前迦太基人富裕的生活。

我在寒冷的雨中，慢慢走向住宅街道。這住宅可能在建造時挖得很深，所以在整齊劃一的住宅前面，地面較高，像個小丘，在這小丘上，羅馬在這裡造了像廣場上的大柱子，高高地聳立著，頗有威嚴。從這些柱子下方，可以看到迦太基市街的容貌。

「你來看一下，」當我嚮導的突尼西亞友人陶費克把我帶到一個斷層前面。說：「你看，就是這一層，這層就是在第三次布匿克戰爭時被史基比奧燒掉的迦太基。」

說完，他用手指摳掉斷層的土。那裡的灰燼積了幾公分厚。成為灰燼的迦太基清楚地留在這裡。就像字面一樣，是迦太基的「遺體」。被挖出來的炭和灰燼，道盡了二千年前的經濟大國，商業國家的悲慘命運。

我拿了一些灰放在手掌上，凝視著，突然感覺似乎聽到了迦太基最後那天慘絕天寰的呼叫聲。

遺跡的地方，到處開著像薺菜般的雜草的黃花。上回來這裡是五月份，含羞草花像黃金般地垂著，但是現在放眼望去，比魯薩之丘的周圍，好像退去金片一樣，開滿了不知名的春草。我覺得就像是迦太基賺來的財貨。

看了這些，使我重新回想奧古斯都(Augustus)時代的羅馬詩人維吉爾(Publius Vengilius Marō)未完的敘事詩《埃涅阿斯》(*Aeneïs*)的內容。他在這個作品中，用抒情的手法歌頌了羅馬帝國建國的始末。一般認為羅馬的建國始祖是羅慕路斯(Romulus)，但他卻說在那之前就有下面這則故事：

悲愴感人的傳說

因有名的木馬屠城而淪陷於希臘軍隊的特洛伊城，有一位武將逃出來，在海上漂流了七年之後，到達北非的迦太基。這位叫做埃涅阿斯的特洛伊英雄，在那裡受到迦太基女王提德的款待，並受到嚴密的保護，過著幸福的生活，但在他的內心，一直有個願望：重建特洛伊。

提德女王瘋狂地愛上這位埃涅阿斯，有一天兩人一起出門狩獵，真正成了情侶。提德希望能和他結婚，夫妻兩人一起統治迦太基，但是埃涅阿斯沒有放棄重建特洛伊的志願，送了一把劍給提德當紀念後，偷偷地航向義大利。提德悲傷不已，準備了死後火葬的柴火，用埃涅阿斯送給她的劍刺胸自殺，了結一生。

而登陸義大利半島的埃涅阿斯，終於重建了新的特洛伊——也就是羅馬帝國……。

我們並不清楚這位詩人是依據什麼而構想這個故事的，但是，這個傳說可能在很早以前就傳到羅馬了。如果這是真的，不也可說是一齣命運的預告劇嗎？迦太基始祖提德女王熱情接待埃涅阿斯，並像親人般地照顧他，可是埃涅阿斯卻不顧她的這份愛情，到義大利建立羅馬。後來，迦太基真的被這個羅馬給燒毀滅亡了。

那位背對著火勢兇猛的神殿、責罵降伏羅馬將軍史基比奧的丈夫後，投火自殺的哈斯德貝的妻子，在我心中，她的影像跟提德重疊在一起。

我手中握著小小的灰炭，回到比魯薩之丘。腳邊被雨淋濕的黃色花朵，在潮風中搖曳著。我怎麼樣都覺得這些花就是迦太基的黃金，是迦太基不顧一切賺來的虛無的黃金。而每一朵都好像在證實人類歷史一般，輕輕地點著頭。

鮮血寫成的遺書

迦太基到底什麼地方做錯了!?追求財富就會招來深仇大恨嗎?沒這回事!延續到今日的人類歷史中，有哪個民族不追求財富?只要是人，誰都想追求豐裕的人生、蓄積財富，想過愉快的生活。迦太基的悲劇不在於她的經濟活動，迦太基的命運不是由於對黃金的追求而造成的。她們的過錯在於，除了追求黃金之外，還是追求黃金。

從很早以前就是迦太基競爭對手的希臘人，也是經商的老手，可說比迦太基還狡猾。希臘也曾受羅馬支配，但是她們所創造出來的文化，到二千年後的今日，仍然光芒四射;也就是說，希臘文化仍然活在現代。

為什麼呢?因為希臘人有她明確的人生目標，只把金錢當作手段，靠財富創造文化。因此，希臘雖然被羅馬征服了，可是她的文化卻征服了羅馬，並且留給人類別人比不上的遺產。

跟創造輝煌文化的希臘相形之下，迦太基的悲劇留下的只有一樣:「遺書」——用親身體驗寫下的歷史遺言。在這份遺書裡，一定用鮮血寫下了「人類不能只為金錢生存」的教訓。

〈後記〉

記取歷史的教訓

回想起來，我第一次造訪北非地中海沿岸美麗的城市突尼斯，已經是二十年前的事了。那時我是先橫越撒哈拉沙漠之後，才到突尼斯的。

當時最先去看的，是位在海邊的古代遺跡。遺跡已被規劃成公園的模樣，被各種紅、黃、青色的花草覆蓋著。花草的盡頭是湛藍的地中海。我沒有目的地的走在遺跡當中，內心充滿日本人特有的感慨。雖然那時離夏天還早，可是我卻不禁感傷：「夏草和兵士全都化為一場夢。」

雖然當初這麼感慨，但那時根本不知道這個遺跡中有什麼樣的故事，也沒想到要去調查研究，因為我在那裡看到的，跟我那時在北非各地看到的羅馬遺跡幾乎沒有兩樣。只是驚嘆於羅馬這個國家竟擁有這麼大的版圖。

但是，當我聽到這個遺跡的下面埋著被羅馬徹底毀滅的迦太基「遺體」時，就很想知道這個國家的悲劇史。於是，從突尼斯一回到日本，就想調查一下羅馬和迦太基之間發生過什麼爭執，又導致了什麼結果。

通常，羅馬和迦太基之間的戰爭稱為布匿克戰爭。這個戰爭前後發生三次，由西元前二六四一直到前一四六年。其中最有名的是叫做「漢尼拔戰爭」的第二次布匿克戰爭。因為迦太基這個勇將帶著大象穿越阿爾卑斯山，攻入義大利半島。

當我在閱讀這位漢尼拔的傳記、調查布匿克戰爭經過的時候，才得知這個戰爭的原因在於「經濟摩擦」，迦太基的通商活動招來當時希臘和羅馬的反感，使周邊的所有民族都成為她的敵人。我想讓大家知道當時的情況跟現在日本的處境是多麼酷似，所以就想更詳細地探求布匿克戰爭的真相。

為了這件事，我第三次造訪迦太基——也就是現代的突尼西亞，也跟當地的朋友談到此事。我的興趣漸漸移到迦太基身上。如果可能的話，我想追尋當時的漢尼拔，他率領大象部隊越過阿爾卑斯山脈、渡過隆河、踏破阿爾卑斯進入義大利。我實在無法相信兩千年前能做到這種事。

於是我從以前的迦太基——也就是現在的突尼斯——出發，通過北非，越過直布羅陀海峽到西班牙。之後又從位在西班牙的迦太基基地迦太基那出發，越過庇里牛斯山到法國，渡過隆河後到了格勒諾勃。要從那裡穿越阿爾卑斯山。當時，說什麼都想帶著大象，實地試看看大象是否能夠穿越阿爾卑斯山。很幸運地，TBS電視台「新世界紀行」的工作人員看我這麼關心迦太基，便向我表示他們有興趣這麼做，就決定要做個實驗。我心中大喜，向他們表明願意幫忙，便跟他們一塊兒去了。

電視攝影雖然非常辛苦，但各地人士聽說我們是日本的電視外景隊，除了得到突尼西亞政府的協助之外，西班牙、法國、義大利等各國也都讓我們在取材時，能享有優惠待遇，使我非常感激。我實地證驗布匿克戰爭的工作，也因此得以順利進行。

越是調查，越覺得二千多年以前繁榮一時的「通商國家」迦太基和現代的「經濟大國」日本的處境非常相像。我邊寫此稿，心中邊想：迦太基的悲劇史實在無法一言道盡。我並不會輕率地把過去的歷史和現代相連結，但是，我們還是得記取歷史的教訓。當我們從日美關係開始，在探討今日日本的課題時，如果讀者從這個歷史劇中能得到一點啟示的話，我就覺得再也沒有比這個令人欣慰的了。

國立中央圖書館出版品預行編目資料

一個通商國家的興亡：迦太基遺書 / 森本哲郎
著；劉敏譯. -- 初版. -- 臺北市:
遠流，民81
面；　公分. -- (實用歷史叢書；33)
譯自：ある通商国家の興亡
ISBN 957-32-1589-6(平裝)
1.羅馬帝國 - 歷史

704.2236　　　　81002526

・親切的／活潑的／趣味的／致用的・

實用歷史叢書

・郵撥／0189456-1　遠流出版公司
・地址／臺北市汀州路三段184號7樓之5
・電話／(02)3653707（代表號）

①曹操爭霸經營史〔天之卷〕		陳文德／著	200元
②曹操爭霸經營史〔地之卷〕		陳文德／著	200元
③曹操爭霸經營史〔人之卷〕		陳文德／著	200元
④觀察家100 中國先哲「知人審政」的智慧		關紹箕／著	200元
⑤中國帝王學《貞觀政要》白話版	吳兢／著	葛景春／譯	280元
⑥縱橫學讀本《長短經》白話版	趙蕤／著	葛景春/譯	320元
⑦人間孔子《孔子家語》白話版	王肅／編	白羅／解讀	200元
⑧爲政三部書《三事忠告》白話版	張養浩／著	羅素娟／譯	140元
⑨現代帝王學修己安人的領導哲學	伊藤肇／著	東正德／譯	220元
⑩朱元璋大傳一個平民英雄，一個血腥皇帝		吳晗／著	220元
⑪經世奇謀《經世奇謀》白話版	兪琳／編	簡松興等／譯	320元
⑫三國智典100	松本一男／著	廖爲智／譯	160元
⑬小謀略學兵法36計新解	守屋洋／著	鍾憲／譯	140元
⑭亂世處世術萬變中忠於自我的12種典型	奥平卓／著	李文仁／譯	160元
⑮策謀學《戰國策》：人性本質的掌握術		張慧良／著	180元
⑯品人明鏡(上)《世說新語》白話版	劉義慶／著	陳仁華／譯	180元
⑰品人明鏡(中)《世說新語》白話版	劉義慶／著	陳仁華／譯	200元
⑱品人明鏡(下)《世說新語》白話版	劉義慶／著	陳仁華／譯	200元
⑲人間學讀本中國式的人際關係藝術	寺尾善雄／著	陳秋月／譯	180元
⑳人生的指針中國經世智慧名言集	丹羽隼兵／著	謝文文／譯	160元
㉑朱子讀書法宋儒朱熹讀書心法徹底研究	黎靖德／編	陳仁華／譯	160元
㉒中國智謀寶庫（上）《智囊全集》白話全譯本		馮夢龍／編	280元
㉓中國智謀寶庫（中）《智囊全集》白話全譯本		馮夢龍／編	280元
㉔中國智謀寶庫（下）《智囊全集》白話全譯本		馮夢龍／編	280元

＊本書目所列定價如與書內版權頁不符，以版權頁爲準

㉕如果現在是歷史	堺屋太一／著	東正德／譯	200元
㉖大指導力（上）《宋名臣言行錄》白話版		朱熹／編	320元
㉗大指導力（下）《宋名臣言行錄》白話版		朱熹／編	320元
㉘楚漢雙雄爭霸史〔壹〕	司馬遼太郎／著	鍾憲／譯	200元
㉙楚漢雙雄爭霸史〔貳〕	司馬遼太郎／著	鍾憲／譯	200元
㉚楚漢雙雄爭霸史〔叁〕	司馬遼太郎／著	鍾憲／譯	200元
㉛楚漢雙雄爭霸史〔肆〕	司馬遼太郎／著	鍾憲／譯	200元
㉜野心帝國日本經略台灣的策謀剖析		羅吉甫／著	200元
㉝一個通商國家的興亡迦太基遺書	森本哲郎／著	劉敏／譯	200元
㉞鏡子一樣的歷史《說苑》白話版	劉向／編著	白羅／解讀	280元
㉟諸葛孔明〔壹〕	陳舜臣／著	東正德／譯	200元
㊱諸葛孔明〔貳〕	陳舜臣／著	東正德／譯	200元

＊本書目所列定價如與書內版權頁不符，以版權頁爲準

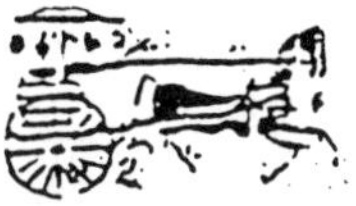

實用歷史
5

中國帝王學

《貞觀政要》白話版

唐・吳兢⊙著
葛景春⊙譯

唐太宗的子孫唐玄宗是歷史上第一位從《貞觀政要》獲得帝王學眞傳的皇帝，因而得以開創「開元之治」盛世。此後，歷代帝王將相以及講求經世致用的知識份子，幾乎沒有不讀《貞觀政要》的。

一五九三年冬，德川家康禮聘日本儒者藤原惺窩講授《貞觀政要》，奠定「江戶幕府」近三百年霸業——直到現在，日本政經領袖及大企業家仍奉之爲帝王學第一書！

現代的中國人，怎能不讀《貞觀政要》?!

實用歷史
11

經世奇謀

《經世奇謀》白話版

俞　琳⊙編

簡松興・陳正榮・高安澤⊙合譯

「謀略」乃是一種講求經世致用的活性智慧，往往無法從理論掛帥的教科書中獲得。《經世奇謀》是一部避開冗長的理論鋪陳，徹底以大量歷史實例展現「處世應變之方，防危杜險之慮，出奇制勝之謀，縱橫捭闔之策」的活用謀略百科全書。

全書共八卷十九章，廣蒐先秦至明朝謀略個案六百餘則，分爲十八個應用類型，讀之令人「識爲之開，智爲之濬，膽爲之振，機爲之迎」。無論政、軍、法、商界人士，都可從中汲取源源不絕的智慧之泉。